邱敏捷 著

曹溪禪唱

《 六 祖 壇 經 》

Song of Caoxi

Platform Sutra of The Sixth Patriarch

▍自序

　　慧能（638-713）《六祖壇經》是筆者就讀省立臺南師專時喜歡閱讀的經典之一，當時曾在臺南市屬於齋教龍華派的「德化堂」，聆聽成功大學陳教授講授該經。1981年到高雄市旗津國小教書，隨著同事鍾竹連老師親近唐一玄（1892-1988）老居士，他常常提醒，修行方法之一是：「不翻舊業，不妄想。」又說：「一即一切，一切即一。」當時雖感覺其中法味，然內心還是懵懵懂懂。

　　1992年，有機會聆聽臺南妙心寺傳道法師（1941-2014）講《六祖壇經》，對於該經多少有些吸收，也就記錄〈聽傳道法師講《六祖壇經》有感〉（《菩提樹》第500期，1994年7月，頁26-28）一文。

　　幾年前，我在國立臺南大學國語文學系碩士班開授「禪學研究」這門課，以印順導師（以下簡稱「印順」，1906-2005）《中國禪宗史》為教材，對該書有比較深入的了解，並於2007年完成《中國禪宗史》之考察——兼與胡適及日本學者相關研究的比較》（臺南：妙心出版社，2009年5月再版）一書，探討該書的重要觀點，並與胡適及日本學者鈴木大拙、宇井伯壽、關口真大、柳田聖山諸賢的相關研究，就「從達摩禪到慧能禪的演

變」、「牛頭宗的法脈與歷史影響」、「《壇經》的作者與版本」、「曹溪禪的開展與合流」等四方面進行比較，梳理初期禪宗史的輪廓，解析禪宗核心思想，得出更多元的視界。

對於高行健結合《六祖壇經》與《曹溪大師別傳》而創作《八月雪》的劇作，筆者撰述〈談高行健《八月雪》〉一文（原載《國文天地》第17卷第8期，2002年1月，頁60-65）。此外，在教書之餘，與傳道法師討論《六祖壇經》部分內容，寫成〈「若真修道人，不見世間過」——與傳道法師對話錄之二〉（收於邱敏捷：《三心了不可得——與傳道法師對話錄》，臺南：中華佛教百科文獻基金會，2015年1月初版，頁5-10）一文。

不過，對《六祖壇經》的特色，以及對整體佛法的把握，還有很多討論的空間。印順《中國禪宗史》中，有關《六祖壇經》的討論，引用「敦煌本」的《六祖壇經》，並從整體佛教、整個中國禪宗的發展評論該書。對該書有褒揚之處，如對於《六祖壇經》「直指人心」、「見性成佛」的思想，印順《中國禪宗史》說：「三身也好，三寶也好，菩提、般若也好，都在自己身心中，直捷了當的指示出來。就在日常心行中，從此悟入。於是，佛不再是高遠的理想，而是直下可以體現的。聖人，從難思難議的仰信中，成為現實人間的、平常的聖人（恢復了原始佛教的模像）。這是曹溪禪的最卓越處！從宗教的仰信，而到達宗教的自證。」（頁372）言下之意，《六祖壇經》具有人間佛教的意義。

另外，印順對《六祖壇經》也有批評的地方，如《六祖壇經》云：「常行十善，天堂便至；除人我，須彌倒；去貪欲，海

水竭;煩惱無,波浪滅;毒害除,魚龍絕。」印順《中國禪宗史》指出:「『觀心破相』,是禪者對經中所說的法門,用自己身心去解說。」(頁170)又表示:「禪者卻專以此來解說一切,稱為『破相』,實際是對存在於人間的佛教,起著嚴重的破壞作用。」(頁172-173)且說:「《壇經》以自己身心來解說,迷成穢土,悟即淨土。不談事實上國土的穢與淨,而專在自己身心上說,禪者都有此傾向。」(頁173)可以說,他對於禪者獨樹一格的解經方式,有不以為然之處。

到底如何掌握《六祖壇經》的精華,並在自己身心修行上受用,這是我們很關心的事情。

唐一玄居士淡泊、堅毅,對於禪修有他個人獨到的見地。他的《六祖壇經論釋》(高雄:休休文教基金會,2009年11月三版),直從「真常唯心論」解讀,有他的精彩處,然也多少有不足的地方。

印順把握整體佛法,對於佛教各經典的理解,有他獨具慧眼之處。他雖沒有針對《六祖壇經》的注本,但在他的《中國禪宗史》中,處處流露出他對該書的卓見,片言隻字,都足為我們參讀。

佛教修行的道路不外是「解脫道」與「菩薩道」。「解脫道」,主要在發出離心,行「八正道」,以淨化自己的身心,並隨緣度眾;而「八正道」首重共世間的「施、戒、定」,以及出世間的「慧」。「菩薩道」,主要在發菩提心,與三心相應,修十善、六度、萬行,自他成佛,依正莊嚴,積極度眾。

「緣起有,自性空」,是佛教的正見;「緣起空,自性

有」，是破壞現象，違背真理，是邪見。佛教是「因緣論」者，生死流轉是「緣起支性」，「依因托緣而生」；還滅解脫是「聖道支性」，「因緣滅而顯」。這些都是佛教的思想特色。

唐代佛教有其特色，因此慧能《六祖壇經》之思想不免有其「對治」作用。但不管如何對治，都要回到佛教的核心思想來詮釋，否則會有偏差。就如無用淨全禪師云：「百尺竿頭坐底人，雖然入得未為真。百尺竿頭須進步，十方世界現全身。」（宋·道原纂：《續傳燈錄》卷三十二，《大正藏》第51冊，頁689中下）。不能只是做個「百尺竿頭坐底人」，還要「百尺竿頭須進步」。讀《六祖壇經》亦然，不是只就《六祖壇經》讀《六祖壇經》，還是要回到佛教的真義，才能真正掌握該經的底蘊與精神。

筆者不揣淺陋，為方便授課，故列「題解與思想小辭典」，並把印順等相關論著資料列出，也算是一種「延伸討論」，並於《六祖壇經》每品後加上個人的「論議」。至於「註文」部分，以簡明易懂為要。本書以流通較廣的元·宗寶編《六祖大師法寶壇經》（《大正藏》第48冊）為版本，在六祖名字上，保留《六祖壇經》原典之用「惠能」；至於印順導師著作及其他行文，則依印順導師之用法用「慧能」，故「惠能」、「慧能」兩稱並存。

有關《六祖壇經》的相關研讀，楊惠南《雨夜禪歌——我讀《六祖壇經》》（臺北：漢藝色研文化事業公司，1990年5月初版）、高行健《八月雪》（臺北：聯經出版公司，2000年12月初版）與印順《中國禪宗史——從印度禪到中華禪》（臺北：正聞

出版社，1971年6月初版）等，都是很好的延伸閱讀書籍，有助於對該書的理解。

本書從2011年即著手準備，唯中間因行政工作繁忙而停擺，當時傳道法師還在世，偶爾向道師父請教，總會得到一些啟發，那時總以為機會很多，可以隨時請益，誰知無常迅速，本書未成，而師父就遠行去了！傳道法師生前講述的《六祖壇經》錄音帶還可供我們聆聽、學習。在學佛的過程中，道師父一直都是我的引領者，謹以此書獻給道師父，冀望他乘願再來人間。

2019.5.5
邱敏捷謹誌

目次 contents

▌題解與思想小辭典

一、題解

　　慧能（638-713）是中國禪宗史上重要人物之一。他承繼菩提達摩（？-528）、惠可（487-592）、僧燦（？-606）、道信（580-651）與弘忍（602-675）所傳之法脈，被尊為六祖，而所說的法義，由弟子法海記錄，被稱為《六祖壇經》。該書是中國佛學論著中，唯一被稱為「經」的著作。《六祖壇經》「敦煌本」為現存最古的本子，後來之流通本多所增益，並把文本分為十品，分別是：〈行由第一〉、〈般若第二〉、〈疑問第三〉、〈定慧第四〉、〈坐禪第五〉、〈懺悔第六〉、〈機緣第七〉、〈頓漸第八〉、〈宣詔第九〉與〈付囑第十〉等。

　　慧能俗姓盧，嚴父本籍范陽郡（今河北省涿縣），貶官至嶺南（兩粵及安南之地），為新州（今廣東新興縣）百姓，後移居南海（今廣東佛山鎮）。父早亡，與母親相依為命，賣柴維生。因聞客誦《金剛經》，內心有所領悟，遂前往湖北黃梅縣東禪寺拜見五祖弘忍。破柴外，因身材短小腰石踏碓八個月有餘，為法忘軀的精神，感動弘忍。弘忍為說《金剛經》，至「應無所住而生其心」，言下大悟，得弘忍之衣缽。

為躲避惡人，隱藏於獵人隊中，食肉邊菜，並與獵人隨宜說法，凡五個寒暑。後至廣州法性寺，為寺僧說「不是風動，不是旛動，仁者心動」之論。印宗和尚為之剃髮，遂為眾開緣說法，樹禪宗法幢，講經說法達三十六年。武則天與中宗皇帝曾徵詔入京，慧能以年老體衰為由辭謝。

　　當時禪宗興盛，南有慧能，北有神秀（？-706），故有南宗、北宗之分。南宗慧能之禪法強調「無念」，「單刀直入」，「直了見性」，不假其他方便，故稱為「頓」；北宗神秀之禪法以「須隨方便始悟」，也就是要經種種方便——攝心方便、觀察次第方便，才能悟入，故稱為「漸」；此所謂「南頓北漸」之說。

　　從佛法來說，慧能是利根之人，聽聞《金剛經》就開悟，識字不多，憑著自身的體驗，來解說佛經的大意，表現出禪者的本色。

二、思想小辭典

　　《六祖壇經》是禪學重要經典，其核心思想對後來禪學之發展影響深遠。茲列二十個重要概念如下：

（一）**「菩提」**（梵語Bodhi），義譯是「覺悟」。對事理能如實明白，了知人生的真意義。

（二）**「般若」**（梵語prajñā），義譯「智慧」。般若與菩提之分別是：「修學位名般若，證果時名菩提。」

（三）**「波羅蜜多」**（梵語paramita），簡作波羅蜜，義譯為到

彼岸。摩訶般若波羅蜜多,是說乘此大智慧,則能由生死苦海到涅槃彼岸。

(四)「**自性**」,即本性、佛性、法性、空性等,是本來如是的體性;此自性,與平常所說無自性不同,這是勝義自性,是智慧所體證的究竟真實。

(五)「**清淨**」,是「空性」的別名。淨,是無染污、無垢穢的。佛法說淨,每是對治雜染的,如無垢、無漏、空,重於否定,其積極內容是有智慧與慈悲等。

(六)「**佛**」,即佛陀,義譯「覺者」,自覺、覺他、覺行圓滿者。或稱調御丈夫、天人師等。

(七)「**有情**」,即指眾生。情,古人解說為情愛或情識;有情愛或有情識,即有精神活動者。佛法以有情為中心、為根本,相對於「無情」草木、石頭而言。

(八)「**禪定**」,即「禪那」,義譯為「靜慮」,即是止觀不二或定慧合一的境界。

(九)「**解脫**」,離束縛而得自在,也就是解除惑業的束縛,脫離欲界、色界、無色界的苦果。

(十)「**蘊**」,指的是「五蘊」,舊譯名「五陰」,就是色、受、想、行、識。色就是物質,受、想、行、識是心理,其定義為領納、取像、造作與了別等。

(十一)「**界**」,有「十八界」,是六根、六塵、六識之總稱。眼、耳、鼻、舌、身、意,是六根;色、聲、香、味、觸、法,是六塵;眼識、耳識、鼻識、舌識、身識、意識,是六識。

（十二）「**十二部經**」，亦稱十二分教。十二類分別是：修多羅、祇夜、伽陀、因緣、本事、本生、未曾有、譬喻、論議、自說、方等或方廣、授記或記別。

（十三）「**心通**」，即宗通，指遠離一切語言文字妄想，而自悟證。

（十四）「**說通**」，即教通，能隨順眾生的根機，以善巧方便為之說法。

（十五）「**三世**」，指過去、現在、未來。已生已滅叫過去；即生即滅叫現在；未生未滅叫未來。

（十六）「**四大**」，指地、水、火、風等能造作一切色法。人的肉身，就是由地、水、火、風的堅、濕、煖、動等性所構成。

（十七）「**東山法門**」，指五祖弘忍於蘄州黃梅縣的憑墓山立寺，擴大叢林；憑墓山在四祖道信黃梅縣破頭山的東邊，故稱之。

（十八）「**福田**」，田以生長為義，人之行善、修慧，猶如農夫於田下種，能得福慧之報，故名。

（十九）「**三昧**」，舊稱三摩提或三摩地，義譯為正定、正受、等持。離諸邪亂，攝心不散的意思。

（二十）「**白牛車**」，喻一佛乘。長御白牛車，是說永遠信行一佛乘的道理。其他羊車，喻聲聞乘；鹿車，喻緣覺乘；牛車，喻菩薩乘。

▌行由第一

　　時，大師至寶林¹，韶州韋刺史²（名璩）與官僚入山，請師出，於城中大梵寺³講堂，為眾開緣說法⁴。

　　師昇座次，刺史官僚三十餘人，儒宗學士三十餘人，僧尼道俗一千餘人，同時作禮，願聞法要。

　　大師告眾曰：善知識⁵！菩提自性，本來清淨，但用此心，直了成佛⁶。

1　此寶林，指「寶林寺」，位於廣東省韶州府曲江縣南六十里之南華山中，梁天監元年壬午（502）智藥三藏所創建，落成於天監三年甲申（504）。北宋太平興國三年戊寅（978）敕改名為「南華寺」，後又改名為「華果寺」。
2　「刺史」是掌管州府的官名，是知州府事刺舉不法的專員，韋刺史是指韶州刺史韋璩。
3　「大梵寺」位於廣東韶州府曲江縣的河西。
4　印順《中國禪宗史》說：「據《傳法寶紀》所說，弘忍以下，禪法開始為公開的、普遍的傳授（這含有開宗立派的意思）。這種公開的傳授，當時稱之為『開法』、『開禪』，或稱為『開緣』。」（頁238）
5　「善知識」，指能教眾生遠離惡法，修行善法者；經書也是善知識。此為尊稱。
6　「菩提」，義譯是「覺悟」。「自性」，即本性、佛性、法性、空性等，是本來如是的體性；此自性，與平常所說無自性不同，這是勝義自性，是智慧所體證的究竟真實。「清淨」，是「空性」的別名。龍樹《大智度論》卷六十三云：「畢竟空即是畢竟清淨。以人畏空，故言清淨。」（《大正藏》第25冊，頁508下）。「直了成佛」，直下了悟成佛，猶言當下頓悟成佛，無方便漸次。「佛」，即佛陀，義譯「覺者」，自覺、覺他、覺行圓滿者。這是說：「覺悟的本性，本來是空無自性，亦即體證緣起無自性；只要與空無自性的智慧相應，自利利他，即可以圓滿成佛。」

延伸討論：

1. 印順導師（以下簡稱「印順」）説：「慧能的『自性』
   （原本應為『法性』、『佛性』）。」（《中國禪宗史·
   自序》，頁8）

2. 印順説：「見性的『性』，是《壇經》最根本的。『性』
   是什麼？是『自性』。性或與『本』相結合，名為『本
   性』；這本性又是『自本性』。性又與『法』相結合，
   名為『法性』；這法性又是『自法性』。性又與『佛』相
   結合，名為『佛性』。在大乘經及一般禪師，『佛性』
   是重要的術語，但《壇經》僅偶爾提到。」（《中國禪宗
   史》，頁352）

3. 印順説：「『本性』與『法性』，約眾生（法）説，重
   在空寂性。『佛性』，重在本來涅槃，本來具有無漏智
   性。」（《中國禪宗史》，頁362）

善知識！且聽惠能行由得法事意。

惠能嚴父[7]，本貫范陽[8]，左降流於嶺南[9]，作新州[10]百姓。此身
不幸，父又早亡，老母孤遺，移來南海[11]。艱辛貧乏，於市賣柴。

時，有一客買柴，使令送至客店。客收去，惠能得錢，卻
出門外，見一客誦經。惠能一聞經語，心即開悟。遂問客誦何

---

[7] 「嚴父」指父親。六祖的父親，姓盧，名行瑶。
[8] 范陽，郡名，在今河北省涿縣。
[9] 唐貞觀時設置的道名，因在五嶺之南，所以稱為嶺南，包括現在兩粵及安南之地。
[10] 新州，今廣東省的新興縣。
[11] 南海，縣名，舊與番禺同為廣東省城廣州的首縣，今移治在佛山鎮。

經？客曰：「《金剛經》。」復問：「從何所來，持此經典？」

客云：「我從蘄州黃梅縣東禪寺來，其寺是五祖忍[12]大師在彼主化，門人一千有餘。我到彼中禮拜，聽受此經。大師常勸僧俗，但持《金剛經》，即自見性，直了成佛。」惠能聞說，宿昔有緣，乃蒙一客取銀十兩與惠能，令充老母衣糧，教便往黃梅參禮五祖。

惠能安置母畢，即便辭違。不經三十餘日，便至黃梅，禮拜五祖。

祖問曰：「汝何方人？欲求何物？」

惠能對曰：「弟子是嶺南新州百姓，遠來禮師，惟求作佛，不求餘物。」

祖言：「汝是嶺南人，又是獦獠[13]，若為堪作佛？」

惠能曰：「人雖有南北，佛性本無南北。獦獠身與和尚不同，佛性有何差別？」

五祖更欲與語，且見徒眾總在左右，乃令隨眾作務。

惠能曰：「惠能啟和尚，弟子自心常生智慧，不離自性，即是福田[14]。未審和尚教作何務？」

---

12 弘忍（602-675），唐代僧，為中國禪宗第五祖。江西潯陽（今九江）人，或謂蘄州黃梅（今湖北蘄春）人，俗姓周。七歲，從四祖道信出家於蘄州黃梅雙峰山東山寺，窮研頓漸之旨，遂得其心傳。唐永徽二年（651）五十一歲，道信入寂，乃繼承師席，世稱「五祖黃梅」，或僅稱「黃梅」。咸亨二年（671），傳法於六祖慧能。禪宗自初祖菩提達摩至唐代弘忍之傳承，為後世禪宗各派所承認。弘忍繼此傳承，發揚禪風，形成「東山法門」。弘忍之思想以悟徹心性之本源為旨，守心為參學之要，門下甚眾。相傳著有《最上乘論》一卷，或以為偽作。

13 「獦獠」為西南夷的一種，居住於嶺表海外，射生為活，吞噬昆蟲。獦獠，隋唐時仍為嶺南谿洞中少數未開化蠻族的名稱，故亦常以獦獠稱嶺南的百姓。

14 「福田」，田以生長為義，人之行善、修慧，猶如農夫於田下種，能得福慧之報，故名。

祖云：「這獦獠根性大利。汝更勿言，著槽廠[15]去！」

惠能退至後院，有一行者，差惠能破柴、踏碓[16]，經八月餘。

祖一日忽見惠能，曰：「吾思汝之見可用，恐有惡人害汝，遂不與汝言，汝知之否？」

惠能曰：「弟子亦知師意，不敢行至堂前[17]，令人不覺。」

祖一日喚諸門人總來：「吾向汝說，世人生死事大。汝等終日只求福田，不求出離生死苦海。自性若迷，福何可救？汝等各去，自看智慧，取自本心般若[18]之性，各作一偈來呈吾看。若悟大意，付汝衣法[19]，為第六代祖。火急速去，不得遲滯。思量即不中用。見性之人，言下須見。若如此者，輪刀上陣，亦得見之[20]。」

眾得處分[21]，退而遞相謂曰：「我等眾人，不須澄心，用意作偈。將呈和尚，有何所益？神秀[22]上座[23]，現為教授師[24]，必是他得。我輩謾[25]作偈頌，枉用心力。」諸人聞語，總皆息心，咸言：「我等已後，依止[26]秀師，何煩作偈？」

---

15 「槽廠」，養馬的小屋。
16 「碓」即舂米碓，是一種藉全身重力，用腳不斷踏動使舂成白米的簡單器具；「踏碓」，就是用腳去踏舂米碓。此處「踏」字是動詞，但從「踏碓」二字變成了此碓專名以後，踏字也變成形容詞了。
17 佛殿稱為「佛堂」；參禪的所在稱為「禪堂」；禪師說法的會堂稱為「法堂」。此「堂前」當是指老和尚上堂的法堂。
18 「般若」（prajñā），義譯智慧。
19 「衣法」，衣指出家人的袈裟，法指正法。
20 「輪刀上陣，亦得見之」，言舞刀入陣緊急作戰的時候，同樣能夠聞言立見，不須擬議。
21 處分，即吩咐。
22 神秀，俗姓李，洛陽尉氏人，少覽經史，博綜多聞，後依五祖出家。
23 「上座」，僧寺的職名，位在住持之下，除了住持以外，更無人高出其上。
24 「教授師」，專門教授弟子威儀作法的軌範師。
25 「謾」，輕慢，猶言輕率冒昧。
26 依靠大德大善知識而止住在他那裏，叫作「依止」。

神秀思惟：「諸人不呈偈者，為我與他為教授師，我須作偈，將呈和尚。若不呈偈，和尚如何知我心中見解深淺？我呈偈意，求法即善，覓祖即惡，卻同凡心，奪其聖位奚別？若不呈偈，終不得法。大難！大難！」

延伸討論：

1. 印順説：「『求法即善，覓祖不善』。求法是印證自己的見解淺深，求授與更深的法門；而求祖，卻是莊嚴的神聖責任，多少有點權威名望的功利意味。」（《中國禪宗史》，頁209）

　　五祖堂前，有步廊三間，擬請供奉[27]盧珍[28]畫「《楞伽經》[29]變相[30]」及「五祖血脈圖[31]」，流傳供養。神秀作偈成已，數度欲呈，行至堂前，心中恍惚，遍身汗流，擬呈不得。前後經四日，一十三度呈偈不得。

　　秀乃思惟：「不如向廊下書著，從他和尚看見。忽若道好，即出禮拜，云是秀作；若道不堪，枉向山中數年，受人禮拜，更修何道？」是夜三更，不使人知，自執燈，書偈於南廊壁間，呈

27　「供奉」，官名，唐朝時凡擅長於文學美術或技藝的人，得供奉內庭，給事左右。
28　盧珍，人名，唐為內供奉，工於畫人物及佛經變相。
29　達摩祖師傳授二祖慧可，一直傳至五祖的《楞伽經》，是劉宋・求那跋陀羅譯的四卷本。
30　把釋迦牟尼當時楞伽法會的地處、人物、說法、聽法等事實情形繪成圖畫，叫做「變相」，也就是「楞伽法會圖」。
31　將初祖達摩至五祖弘忍的嫡傳世系譜繪成圖像，叫作「五祖血脈圖」，也就是楞伽宗的世系次序圖。

心所見。偈曰：

> 身是菩提樹，心如明鏡臺。
>
> 時時勤拂拭，勿使惹塵埃。

　　秀書偈了，便卻歸房，人總不知。秀復思惟：「五祖明日見偈歡喜，即我與法有緣；若言不堪，自是我迷，宿業障重，不合得法。」聖意難測，房中思想，坐臥不安，直至五更。

　　祖已知神秀入門未得，不見自性。天明，祖喚盧供奉來，向南廊壁間繪畫圖相，忽見其偈，報言：「供奉！卻不用畫，勞爾遠來。經云：『凡所有相，皆是虛妄。』[32] 但留此偈，與人誦持。依此偈修，免墮惡道；依此偈修，有大利益。」令門人炷香禮敬，盡誦此偈，即得見性。門人誦偈，皆歎：「善哉！」

　　祖三更喚秀入堂，問曰：「偈是汝作否？」秀言：「實是秀作，不敢妄求祖位，望和尚慈悲，看弟子有少智慧否？」祖曰：「汝作此偈，未見本性，只到門外，未入門內。如此見解，覓無上菩提，了不可得。無上菩提，須得言下識自本心。見自本性，不生不滅。於一切時中，念念[33]自見，萬法無滯[34]。一真一切真，萬境自如如[35]。如如之心，即是真實。若如是見，即是無上菩提之自性也。汝且去，一兩日思惟，更作一偈，將來吾看。

---

[32] 姚秦・鳩摩羅什譯《金剛經》云：「佛告須菩提：『凡所有相，皆是虛妄；若見諸相非相，則見如來。』」（《大正藏》第8冊，頁749上）

[33] 前念、後念亦稱「念念」，是指遷流不息的心念。

[34] 一切諸法都以空無自性為性，而無所滯了。

[35] 「如如」是不動、寂默、不起顛倒分別的本來境界。

汝偈若入得門，付汝衣法。」

神秀作禮而出。又經數日，作偈不成。心中恍惚，神思不安，猶如夢中，行坐不樂。

復兩日，有一童子於碓坊過，唱誦其偈。惠能一聞，便知此偈未見本性。雖未蒙教授，早識大意。遂問童子曰：「誦者何偈？」童子曰：「爾這獦獠不知，大師言：世人生死事大，欲得傳付衣法，令門人作偈來看。若悟大意，即付衣法為第六祖。神秀上座於南廊壁上書無相偈，大師令人皆誦。依此偈修，免墮惡道；依此偈修，有大利益。」惠能曰：「（一本有：我亦要誦此，結來生緣。）上人！我此踏碓八個餘月，未曾行到堂前，望上人引至偈前禮拜。」

童子引至偈前禮拜。惠能曰：「惠能不識字，請上人為讀。」時有江州別駕[36]，姓張名日用，便高聲讀。惠能聞已，遂言：「亦有一偈，望別駕為書。」別駕言：「汝亦作偈？其事稀有！」惠能向別駕言：「欲學無上菩提，不得輕於初學。下下人有上上智，上上人有沒意智[37]。若輕人，即有無量無邊罪。」別駕言：「汝但誦偈，吾為汝書。汝若得法，先須度吾，勿忘此言。」

惠能偈曰：

> 菩提本無樹，明鏡亦非臺。
> 本來無一物，何處惹塵埃？

36　「別駕」，官名，即州刺史的左吏。刺史巡行時，別乘傳車從行，故稱別駕。
37　沒意智即溺沒心智，猶言沒有心智。

書此偈已，徒眾總驚，無不嗟訝。各相謂言：「奇哉！不得以貌取人。何得多時，使他肉身菩薩[38]？」祖見眾人驚怪，恐人損害，遂將鞋擦了偈，曰：「亦未見性。」眾以為然。

　　次日，祖潛至碓坊，見能腰石[39]舂米，語曰：「求道之人，為法忘軀，當如是乎！」乃問曰：「米熟也未[40]？」惠能曰：「米熟久矣，猶欠篩在[41]。」祖以杖擊碓三下而去，惠能即會祖意。

　　三鼓入室，祖以袈裟遮圍，不令人見，為說《金剛經》。至「應無所住，而生其心[42]」，惠能言下大悟，一切萬法，不離自性。遂啟祖言：「何期[43]自性本自清淨！何期自性本不生滅！何期自性本自具足！何期自性本無動搖！何期自性能生萬法[44]！」祖知悟本性，謂惠能曰：「不識本心，學法無益。若識自本心，見自本性，即名丈夫[45]、天人師[46]、佛。」

　　三更受法，人盡不知，便傳頓教[47]及衣缽[48]。云：「汝為第六代祖，善自護念，廣度有情，流布將來，無令斷絕。聽吾偈曰：

38　「肉身菩薩」，是說即此肉身已是菩薩。
39　在腰上綁石頭稱為「腰石」。六祖人長得瘦小，體重太輕，不容易踏動舂米碓，故在腰部綁上一塊石頭，增加身體的重量，借以踏動舂米碓。
40　表面上是問「這米舂得夠白了沒有」？實際是暗示「悟了覺了沒有」？
41　「猶欠篩在」，表面上是說「米早夠白，尚待一篩」；隱藏著說「悟了覺了，只求和尚印證」。
42　「住」，是滯住、攀緣、執著、著相的意思。無所住，是不住善惡、是非、空有、斷常、迷悟等對待的兩邊，連中道亦不住。而生其心者，即是生菩提心。
43　「何期」，不料或想不到的意思。
44　傳道法師說：「『何期自性能生萬法』，應是『何期自性（遇緣）能生萬法』。」（參見《六祖壇經》MP3第10卷）
45　丈夫，即佛十號之一的調御丈夫。
46　天人師，即佛十號之一。
47　不歷階梯漸次，直指本心，頓時立悟的教法。
48　衣指袈裟，缽為出家人用以盛施主供養之物的容器。二者均為僧資物中最重要的法器，所以用為師承的信證，衣缽的授受即代表心法的授受。

有情來下種，因地果還生。

無情既無種，無性亦無生。[49]

祖復曰：「昔達磨[50]大師初來此土，人未之信，故傳此衣，以為信體，代代相承。法則以心傳心，皆令自悟自解。自古佛佛，惟傳本體，師師密付本心。衣為爭端，止汝勿傳。若傳此衣，命如懸絲。汝須速去，恐人害汝。」

惠能啟曰：「向甚處去？」

祖云：「逢懷則止，遇會則藏[51]。」

惠能三更領得衣鉢，云：「能本是南中人[52]，素不知此山路，如何出得江口？」

五祖言：「汝不須憂，吾自送汝。」

祖相送直至九江驛[53]，祖令上船，五祖把艣[54]自搖。惠能言：「請和尚坐，弟子合搖艣。」祖云：「合是吾渡汝。」惠能云：「迷時師度，悟了自度。度名雖一，用處不同。惠能生在邊方，語音不正，蒙師傳法，今已得悟，只合自性自度。」

祖云：「如是如是。以後佛法，由汝大行。汝去三年，吾方

---

[49] 有情眾生播下成佛種子於八識田中，從因地的種子而有佛果。無情不是眾生，沒有成佛種性，也沒有成不成佛的問題。

[50] 菩提達摩（？-528）是中國禪宗第一代祖師。據唐・道宣《續高僧傳》，大約在劉宋之末（479），泛海到達中國廣州，經至金陵，後遂渡江北至魏，止於嵩山少林寺，面壁而坐，後傳法於二祖慧可。

[51] 「逢懷則止，遇會則藏」，是說到懷集、四會的地方就可停下來。這兩個地方就是「嶺南兩廣」。

[52] 凡是長江流域以南的，都可稱為「南中」。六祖是嶺南肇慶府新興縣人，所以說是南中人，猶言南方人。

[53] 「九江」，明朝置府，今改九江縣，屬江西省，在湖口縣西。

[54] 「艣」，同櫓，音ㄌㄨˇ，撥水使船行進的用具。

逝世。汝今好去，努力向南。不宜速說，佛法難起。」

　　惠能辭違祖已，發足南行。兩月中間，至大庾嶺[55]。（五祖歸，數日不上堂。眾疑，詣問曰：「和尚少病少惱否？」曰：「病即無，衣法已南矣！」問：「誰人傳授？」曰：「能者得之。」眾乃知焉。）逐後，數百人來，欲奪衣缽。一僧俗姓陳，名惠明[56]，先是四品將軍，性行麤慥，極意參尋，為眾人先，趁及惠能。惠能擲下衣缽於石上，云：「此衣表信，可力爭耶？」能隱草莽中。

　　惠明至，提掇不動。乃喚云：「行者！行者！我為法來，不為衣來。」惠能遂出，盤坐石上。惠明作禮云：「望行者為我說法。」

　　惠能云：「汝既為法而來，可屏息諸緣，勿生一念，吾為汝說。」

　　明良久。惠能云：「不思善，不思惡，正與麼時[57]，那箇是明上座本來面目？」

　　惠明言下大悟。復問云：「上來密語、密意外，還更有密意否？」

　　惠能云：「與汝說者，即非密也。汝若返照，密在汝邊。」

　　明曰：「惠明雖在黃梅，實未省自己面目。今蒙指示，如人飲水，冷暖自知，今行者即惠明師也。」

---

[55] 「大庾嶺」又名臺嶺，為五嶺之一，在江西大庾縣南，與廣東南雄縣分界，當贛粵之要衝。

[56] 袁州蒙山道明禪師，原名惠明，俗姓陳，鄱陽人，陳宣帝之裔孫，少時於永昌寺出家，後因慕道心切，往依五祖法會。

[57] 「與麼」，同恁麼，猶言這麼樣。「正與麼時」，猶言正在這麼樣的時候。

惠能曰：「汝若如是，吾與汝同師黃梅，善自護持。」

明又問：「惠明今後向甚處去？」惠能曰：「逢袁則止，遇蒙則居。」[58]明禮辭。

（明回至嶺下，謂趁眾曰：「向陟崔嵬，竟無蹤跡，當別道尋之。」趁眾咸以為然。惠明後改道明，避師上字。）

延伸討論：

1.印順說：「弘法，特別是弘闡禪法，超越時流，是最容易受譏謗，受誣控，受毒害，受驅擯的。慧能以前諸祖，及慧能門下的神會，所遇的法難都很重。」（《中國禪宗史》，頁214）

惠能後至曹溪，又被惡人尋逐，乃於四會避難獵人隊中，凡經一十五載[59]，時與獵人隨宜說法。獵人常令守網，每見生命，盡放之。每至飯時，以菜寄煮肉鍋。或問，則對曰：「但喫肉邊菜。」

一日思惟，時當弘法，不可終遯[60]。遂出，至廣州法性

---

[58] 「逢袁則止，遇蒙則居」，袁即江西袁州府，蒙指蒙山；是說到袁、蒙的地方就可停下來。

[59] 印順《中國禪宗史》說：「出家以前，慧能曾有過『三年』——其實是『五年』的隱遁（有過一段時間的隱遁，是從來一致的傳說）。」（頁186）；佚名《曹溪大師別傳》：「能大師歸南，路（原作「略」）到曹溪，猶被人尋逐，便於廣州四會、懷集兩縣界避難。經于五年，在獵師中。」（《卍續藏經》第146冊，頁164）

[60] 「遯」同遁，隱遁不出的意思。

寺，值印宗法師[61]講《涅槃經》。時有風吹旛[62]動，一僧曰「風動」，一僧曰「旛動」，議論不已。惠能進曰：「不是風動，不是旛動，仁者[63]心動。」一眾駭然。

印宗延至上席，徵詰奧義。見惠能言簡理當，不由文字。宗云：「行者定非常人。久聞黃梅衣法南來，莫是行者否？」惠能曰：「不敢。」宗於是作禮，告請傳來衣鉢，出示大眾。

宗復問曰：「黃梅付囑，如何指授？」

惠能曰：「指授即無，惟論見性，不論禪定[64]、解脫[65]。」[66]

宗曰：「何不論禪定、解脫？」

惠能曰：「為是二法，不是佛法，佛法是不二之法[67]。」

宗又問：「如何是佛法不二之法？」

惠能曰：「法師講《涅槃經》，明佛性是佛法不二之法。如高貴德王菩薩白佛言：『犯四重禁[68]，作五逆罪[69]，及一闡提[70]等，當斷善根佛性否？』佛言：『善根有二，一者常，二者無常。佛性非常非無常，是故不斷，名為不二。一者善，二者不

---

[61] 印宗法師，吳郡人，出家後精研《涅槃經》。
[62] 「旛」，同幡，音ㄈㄢ，是一種窄長垂直掛著的旗子。
[63] 「仁者」，為代替第二人稱「你」字的平等尊稱。
[64] 「禪定」即「禪那」，義譯為靜慮，即是止觀不二或定慧合一的境界。
[65] 「解脫」，離束縛而得自在的意思；也就是解除惑業的束縛，脫離三界的苦果。
[66] 所謂「指授即無，惟論見性，不論禪定、解脫」，意謂「並沒有傳授什麼，只論是否見法性、空性，更不論說禪定工夫有多深，或解脫已否之對立法」。傳道法師說：「此乃因印宗法師執著禪定、解脫。」（參見《六祖壇經》MP3第13卷）
[67] 「如如平等而非對待分別」的實相法，稱為「不二之法」。
[68] 婬戒、殺戒、盜戒、大妄語戒，此四戒稱為「四重禁」；犯四重禁，即犯四波羅夷罪。
[69] 五逆是指一殺父、二殺母、三殺阿羅漢、四破和合僧、五出佛身血，此五種逆惡之罪稱為「五逆罪」。
[70] 不信諸佛所說教戒，斷滅一切善根的人，稱為「一闡提」。

善，佛性非善非不善，是名不二。蘊之與界[71]，凡夫見二，智者了達，其性無二。無二之性，即是佛性。』」

印宗聞說，歡喜合掌，言：「某甲講經，猶如瓦礫；仁者論義，猶如真金。」於是為惠能薙髮，願事為師。惠能遂於菩提樹下，開東山法門[72]。

惠能於東山得法，辛苦受盡，命似懸絲，今日得與使君、官僚、僧尼、道俗同此一會，莫非累劫之緣，亦是過去生中，供養諸佛，同種善根，方始得聞如上頓教，得法之因。教是先聖所傳，不是惠能自智。願聞先聖教者，各令淨心，聞了，各自除疑。如先代聖人無別。

一眾聞法，歡喜作禮而退。

論議

〈行由品〉是一篇有關慧能的生平與思想的文章。除了簡述慧能一生得法的經過外，旨在表現惠能「直指人心」、「見性成佛」的思想。

慧能志在成佛，故初晤五祖弘忍時，即說：「弟子是嶺南新州百姓，遠來禮師，惟求作佛，不求餘物。」他不以自己出身於蠻荒之地而自貶，對於弘忍的機鋒之勘驗：「汝是嶺南人，又是獦獠，若為堪作佛？」惠能言：「人雖有南北，佛性本無南

---

[71] 蘊，指「五蘊」，舊譯名「五陰」，就是色、受、想、行、識。界，指十八界，是六根、六塵、六識合起來的總稱。蘊之與界，即是指五蘊與十八界，亦稱陰界。

[72] 道信於蘄州黃梅縣的破頭山，又名雙峰山，營宇立象；五祖於黃梅縣的憑墓山立寺，擴大叢林。憑墓山在破頭山東，故稱其法門為「東山法門」。

北。」強調眾生皆可能成佛，充滿自信，故得到弘忍的賞識。

不僅如此，慧能既為法而來，或破柴，或腰石踏碓，確確表現出求道之人為法忘軀的精神。

〈行由第一〉所示神秀「身是菩提樹，心如明鏡臺。時時勤拂拭，勿使惹塵埃」的偈頌，為何不是開悟詩？原來神秀還停留在對立的心態，且執著一個「有」字。身是菩提樹，菩提是覺悟，此言則是「身」與「菩提」對立；心如明鏡台，「心」與「明鏡台」對立；時時勤拂拭，勿使惹塵埃，則是「染污」與「不染污」對立。

所謂「鐵線鋼線會綁人，金線也會綁人」。著一個「淨」字，也是不得解脫。

至於慧能的偈子，為了破神秀的「有」，反倒執著一個「無」。「菩提本無樹，明鏡亦非台，本來無一物，何處惹塵埃」。菩提是覺悟，覺悟本不是樹，明鏡是用來照的，明鏡不是明鏡台；本來無一物，自性原無相狀，說似一物即不中；所以說要在何處惹塵埃？慧能的詩是「對治」神秀之意。

但不管是神秀的「有」，或是慧能「無」，都還是兩邊，所以當時慧能並未開悟，否則何來弘忍三更為說《金剛經》，至「應無所住而生其心」，言下大悟。

《六祖壇經》雖屬真常唯心系之典籍，一般解經者也應直從空性來理解其中思想，可是把空性（自性）比喻成明月、明鏡，又往往變成一不變的本體，流於「真常唯心論」之嫌。

直從性空來理解慧能「何期自性本自清淨，何期自性本不生滅，何期自性本自具足，何期自性本無動搖，何期自性能生萬

法」之自性，就能把握佛法的要義。

「自性」就是空性，其獨存性、主宰性、不變性，乃不可得。換句話說，諸法本性（自性）都是緣起無自性，因為是無自性，遇緣才能生出萬法，非空性能生萬法，是眾緣具足才能顯現。因此，要從緣起講性空才能讀通《六祖壇經》的道理；否則，一片渾沌，不知所云。

見性的「性」，是《六祖壇經》最根本的。「性」是什麼？是「自性」。性或與「本」相結合，名為「本性」；這本性又是「自本性」。性又與「法」相結合，名為「法性」；這法性又是「自法性」。性又與「佛」相結合，名為「佛性」。「法性」之稱為「佛性」，乃因佛悟此法性，故稱此法性為「佛性」。

在大乘經及一般禪師，「佛性」是重要的術語，但《六祖壇經》僅偶爾提到。

《六祖壇經》雖然是禪宗一貫的「真常唯心論」系統，依不變的實有法為所依，能成立一切法，但開悟了的慧能是不再執著一個不變的實有法，故其所謂「自性」就是「法性」、「佛性」。

慧能之學佛，除了過去宿世熏修之緣外，還在於親近善知識弘忍，得法以後過了五年的勞苦生活，最後開禪說法，廣度眾生，對於「般若」、「定慧」、「坐禪」等方面，都有他精闢的見解，曹溪行化，法門大開，弘傳久遠，故柳宗元〈曹溪第六祖賜諡大鑒禪師碑銘〉言：「凡言禪皆本曹溪。」（《柳宗元集》卷六，頁150）

《六祖壇經》除了強調心地功夫外，對三學、八正道、緣

起、四諦、流轉門、還滅門等事理也有所闡發，所謂「先得法住智，後得涅槃智」。對佛法的信解，必先建立佛教的正知正見，否則盲言瞎說，胡修亂行，說是佛理，豈不謗佛？正知正見的建立，有待學佛者多親近善知識，多聞熏習，因緣成熟，解脫自然有分。

問題深究

1.慧能為何出家修行？

2.慧能為何隱藏於獵人隊中？

3.何謂「菩提自性，本來清淨，但用此心，直了成佛」？

般若第二

次日，韋使君請益。師陞座，告大眾曰：「總淨心，念摩訶般若波羅蜜多[1]。」復云：「善知識！菩提般若之智[2]，世人本自有之，只緣心迷，不能自悟，須假大善知識，示導見性。當知愚人智人，佛性本無差別。只緣迷悟不同，所以有愚有智。吾今為說摩訶般若波羅蜜法，使汝等各得智慧。志心諦聽，吾為汝說。」

延伸討論：

1. 印順說：「慧能取『念摩訶般若』而不取『念佛』，不但經有明文，而還是『東山法門』舊有的，『不念佛』、『不看心』的一流。慧能是學有稟承，而決不是創新的。」（《中國禪宗史》，頁167）

---

[1] 摩訶，又作莫訶，義譯為大。般若，義譯智慧。波羅蜜多（梵語paramita），簡作波羅蜜，義譯到彼岸。摩訶般若波羅蜜多，是說乘此大智慧，則能由生死苦海到涅槃彼岸。

[2] 「菩提般若之智」，菩提與般若之分別是：「修學位名般若，證果時名菩提。」

2. 印順說：「『佛』這個名詞，代表了學法的目標。念佛是念念在心，深求佛的實義；也就是啟悟自己的覺性，自成佛道的。慧能不取念佛方便，而直指自性般若。」（《中國禪宗史》，頁167）

3. 印順說：「修學位名般若，證果時名菩提bodhi，這是佛法的心要，但慧是不離禪定的。」（《華雨集》第二冊，頁242）

「善知識！世人終日口念般若，不識自性般若，猶如說食不飽。口但說空，萬劫不得見性，終無有益。」

「善知識！『摩訶般若波羅蜜』是梵語[3]，此言『大智慧到彼岸』。此須心行，不在口念。口念心不行，如幻如化，如露如電。口念心行，則心口相應。本性是佛，離性無別佛。」

「何名『摩訶』？『摩訶』是『大』。心量廣大，猶如虛空，無有邊畔，亦無方圓大小，亦非青黃赤白，亦無上下長短，亦無瞋無喜、無是無非、無善無惡、無有頭尾。諸佛剎土，盡同虛空。世人妙性本空，無有一法可得。自性真空，亦復如是。」

「善知識！莫聞吾說空，便即著空。第一莫著空。若空心靜坐，即著無記空[4]。善知識！世界虛空，能含萬物色像。日月星宿、山河大地、泉源谿澗、草木叢林、惡人善人、惡法善法、天堂地獄、一切大海、須彌[5]諸山，總在空中。世人性空，亦復如

---

[3] 印度語的雅言，稱為梵語。
[4] 於善不善不可記別的空，稱為「無記空」。
[5] 須彌，是山名，又作須彌婁、修迷樓等。

是。」

「善知識！自性能含萬法是『大』，萬法在諸人性中。若見一切人，惡之與善，盡皆不取不捨，亦不染著，心如虛空，名之為『大』，故曰『摩訶』。」

「善知識！迷人口說，智者心行。又有迷人，空心靜坐，百無所思，自稱為『大』。此一輩人，不可與語，為邪見[6]故。」

「善知識！心量廣大，遍周法界[7]。用即了了分明，應用便知一切。一切即一，一即一切[8]，去來自由，心體無滯，即是『般若』。」

「善知識！一切般若智，皆從自性而生，不從外入。莫錯用意，名為真性自用。一真一切真。心量大事[9]，不行小道[10]。口莫終日說空，心中不修此行。恰似凡人，自稱國王，終不可得，非吾弟子。」

「善知識！何名『般若』？『般若』者，唐言『智慧』也。一切處所，一切時中，念念不愚，常行智慧，即是般若行。一念愚即般若絕，一念智即般若生。世人愚迷，不見般若。口說般若，心中常愚。常自言我修般若，念念說空，不識真空。般若無形相，智慧心即是。若作如是解，即名般若智。」

---

6 凡是不合正法的外道之見，稱為「邪見」，如無因論、尊祐論、祖承論等。

7 法界有二種義：一就事言，法即諸法，界為界分，即現象界一切事物，各有其殊相和分界，故法的一一即稱為法界。二就理言，有依生聖道的因義，有諸法所依的性義，有諸緣起相不雜的分齊義，故一一之法，法爾圓融，具足一切諸法，稱為法界。

8 一切佛道，一切眾生，一切煩惱，一切法門，一切因果，一切事理等，無量無邊，不可思議，而不離於一，此即「一切即一，一即一切」。

9 「心量大事」，是說轉迷為悟的大事。

10 指空心靜坐等為「小道」。

「何名『波羅蜜』？此是西國語[11]，唐言『到彼岸』，解義離生滅。著境生滅起，如水有波浪，即名為此岸。離境無生滅，如水常通流，即名為『彼岸』，故號『波羅蜜』。」

「善知識！迷人口念。當念之時，有妄有非。念念若行，是名真性。悟此法者，是般若法。修此行者，是般若行。不修即凡，一念修行，自身等佛。」

「善知識！凡夫即佛，煩惱即菩提。前念迷即凡夫，後念悟即佛。前念著境即煩惱，後念離境即菩提。」

「善知識！摩訶般若波羅蜜，最尊、最上、最第一，無住、無往、亦無來，三世諸佛從中出。當用大智慧，打破五蘊煩惱塵勞[12]。如此修行，定成佛道，變三毒為戒、定、慧[13]。」

「善知識！我此法門，從一般若生八萬四千智慧。何以故？為世人有八萬四千塵勞。若無塵勞，智慧常現，不離自性。悟此法者，即是無念、無憶、無著，不起誑妄[14]。用自真如性，以智慧觀照，於一切法，不取不捨，即是見性成佛道。」

「善知識！若欲入甚深法界，入般若三昧[15]者，須修般若行，持誦《金剛般若經》，即得見性。當知此經，功德無量無邊，經中分明讚歎，莫能具說。此法門是最上乘[16]，為大智人

---

[11] 「西國」是指天竺，即印度。

[12] 塵謂所緣境，勞謂能緣心。忙勞的能緣心，攀逐所緣的六塵境；這樣的心勞塵境，叫作塵勞。

[13] 防非止惡叫作戒，戒能伏貪愛心；息慮淨緣叫作定，定能伏瞋恚心；破惡證真叫作慧，慧能伏邪癡心。

[14] 誑，音ㄎㄨㄤˊ。以謊言欺騙他人叫作「誑妄」。

[15] 「三昧」，舊稱三摩提或三摩地，義譯為正定、正受、等持。離諸邪亂，攝心不散的意思。

[16] 最上乘，即一佛乘。

說，為上根人說。小根小智人聞，心生不信。何以故？譬如天龍[17]，下雨於閻浮提[18]，城邑聚落，悉皆漂流，如漂棗葉。若雨大海，不增不減。若大乘人，若最上乘人，聞說《金剛經》，心開悟解。故知本性自有般若之智，自用智慧常觀照，故不假文字。譬如雨水，不從天有，元是龍能興致，令一切眾生，一切草木，有情無情，悉皆蒙潤。百川眾流，卻入大海，合為一體。眾生本性般若之智，亦復如是。」

「善知識！小根之人，聞此頓教，猶如草木，根性小者，若被大雨，悉皆自倒，不能增長。小根之人，亦復如是。元有般若之智，與大智人，更無差別，因何聞法不自開悟？緣邪見障重，煩惱根深，猶如大雲，覆蓋於日，不得風吹，日光不現。般若之智，亦無大小，為一切眾生，自心迷悟不同。迷心外見，修行覓佛，未悟自性，即是小根。若開悟頓教，不能外修。但於自心，常起正見[19]，煩惱塵勞，常不能染，即是見性。」

「善知識！內外不住，去來自由，能除執心，通達無礙。能修此行，與《般若經》，本無差別。」

「善知識！一切修多羅[20]及諸文字，大小二乘十二部經[21]，

17　諸天與龍為八部眾的二眾。
18　「閻浮提」，即「閻浮提鞞波」，義譯為贍部洲。
19　離一切邪癡、顛倒之見，稱為「正見」。
20　梵語Sutra，義譯作契經，有縱線的意義。
21　一切經教的內容為十二類，稱為十二部經，亦稱十二分教。這十二類：（一）修多羅；（二）祇夜；（三）伽陀；（四）尼陀那，義譯為因緣；（五）依帝目多，義譯為本事或本緣；（六）闍多伽，義譯為本生；（七）阿浮陀達摩，義譯為未曾有；（八）阿波陀那，義譯為譬喻；（九）優婆提舍，義譯為論議；（十）優陀那，義譯為自說；（十一）毗佛略，義譯為方等或方廣；（十二）和伽羅，義譯為授記或記別。此十二部中，修多羅、祇夜與伽陀三者，為經文上之體裁；餘九者，從其經文所載之別事而立名。

皆因人置，因智慧性，方能建立。若無世人，一切萬法，本自不有。故知萬法，本自人興。一切經書，因人說有。緣其人中，有愚有智，愚為小人，智為大人。愚者問於智人，智者與愚人說法，愚人忽然，悟解心開，即與智人無別。」

「善知識！不悟，即佛是眾生；一念悟時，眾生是佛。故知萬法，盡在自心，何不從自心中，頓見真如本性！《菩薩戒經》云：『戒（原誤作「我」）本元自性清淨。』若識自心見性，皆成佛道。《淨名經》[22]云：『即時豁然，還得本心。』」

延伸討論：

1.印順說：「南宗的《壇經》，『受無相戒』；『說摩訶般若波羅蜜法』，而引《菩薩戒經》云：『戒（原誤作我）本源自性清淨』，以證明『識心見性，自成佛道』。戒禪的合一，比北宗更明徹些。」（《中國禪宗史》，頁157）

2.印順說：「慧能是一位承先啟後的大師。《壇經》『受無相戒』，說到見佛，懺悔，發願，歸戒，而這都銷歸自性，結歸於『戒本源自性清淨』與『還得本心』的不二。這是有『受無相戒』的名目，而並無一般禪外授（菩薩）戒的特殊內容。」（《中國禪宗史》，頁329）

「善知識！我於忍和尚處，一聞言下便悟，頓見真如本性，

---

[22] 《淨名經》是《維摩詰經》的異名。

是以將此教法流行，令學道者，頓悟菩提，各自觀心，自見本性。若自不悟，須覓大善知識、解最上乘法者，直示正路。是善知識，有大因緣，所謂化導，令得見性。一切善法，因善知識，能發起故。三世諸佛，十二部經，在人性中，本自具有。不能自悟，須求善知識，指示方見。若自悟者，不假外求；若一向執謂須他善知識，方得解脫者，無有是處。何以故？自心內有知識自悟，若起邪迷，妄念顛倒，外善知識雖有教授，救不可得。若起正真般若觀照，一剎那間，妄念俱滅。若識自性，一悟即至佛地。」

延伸討論：

1. 印順說：「一般的說，學佛要依善知識及經法。善知識與經法，有相同的意義。《壇經》分善知識為外內二類，經法也有經書及本有十二部經二類。因為不悟，要依外善知識；自悟就不假外善知識。這如迷妄不悟，要依經法；如自悟，那就『本性自有般若之智，自用智慧觀照，不假文字』。取外求善知識，是不可能解脫的；要識自心內善知識，才能得解脫。這如取外求文字經教，不可能解脫；要識自性本有經典，才能解脫。如迷妄，要外善知識教授；然後自己觀照，悟即內善知識。這如迷妄要依外經法知解；然後自己觀照，悟即自性本有般若（經）。外與內相成，善知識與經法，意義是完全一致的。外善知識，在禪者始終是不可少的，那外經法為什麼不也這樣呢！

神會說：『須廣讀大乘經』；『大乘經可以正心』；『若求無上菩提，須信佛語依佛教』。神會也說『說通宗亦通』（燉煌本作『說通及心通』），正是內外相成，導迷啟悟的一貫之道。然一般禪者，傾向於內證，不免於輕教；發展到『不立言說』，『教外別傳』。」（《中國禪宗史》，頁344-345）

「善知識！智慧觀照，內外明徹，識自本心。若識本心，即本解脫，若得解脫，即是般若三昧，即是無念。何名無念？若見一切法，心不染著，是為無念。用即遍一切處，亦不著一切處。但淨本心，使六識出六門[23]，於六塵中無染無雜、來去自由。通用無滯，即是般若三昧、自在解脫，名無念行。若百物不思，當令念絕，即是法縛[24]，即名邊見[25]。」

「善知識！悟無念法者，萬法盡通。悟無念法者，見諸佛境界。悟無念法者，至佛地位。」

「善知識！後代得吾法者，將此頓教法門，於同見同行，發願受持，如事佛故。終身而不退者，定入聖位。然須傳授從上以來，默傳[26]分付，不得匿[27]其正法。若不同見同行，在別法[28]中，不得傳付。損彼前人，究竟無益。恐愚人不解，謗此法門，百劫

---

[23] 眼、耳、鼻、舌、身、意，稱「六根」，亦稱「六門」。
[24] 思想受所知所見束縛，叫作法縛。縛，音ㄈㄨˊ，謂綁住，不得解脫。
[25] 執著於一邊之見稱為邊見，譬如，妄計一切為常住不滅的「常見」，及妄計一切為斷滅頑空的「斷見」，皆名為邊見。
[26] 離語言名相，以心傳心，以心印心的傳授法，稱為「默傳」。
[27] 「匿」是隱藏的意思。
[28] 指禪宗以外的其他宗派法門。

千生，斷佛種性²⁹。」

「善知識！吾有一『無相³⁰頌』，各須誦取。在家出家，但依此修。若不自修，惟記吾言，亦無有益。聽吾頌曰：

> 說通及心通³¹，如日處虛空；
> 唯傳見性法，出世³²破邪宗。
> 法即無頓漸，迷悟有遲疾；
> 只此見性門，愚人不可悉。
> 說即雖萬般，合理還歸一；
> 煩惱闇宅中，常須生慧日³³。
> 邪來煩惱至，正來煩惱除；
> 邪正俱不用，清淨至無餘。
> 菩提本自性，起心即是妄；
> 淨心在妄中，但正無三障³⁴。
> 世人若修道，一切盡不妨；
> 常自見己過，與道即相當。
> 色類³⁵自有道，各不相妨惱；
> 離道別覓道，終身不見道。

---

29 佛種性，即成佛果的種子、佛性。
30 於一切相，離一切相，即是「無相」。
31 能隨順眾生的根機，以善巧方便為之說法，稱作「說通」；「心通」即宗通，指遠離一切語言文字妄想，而自悟證，稱作心通。俗言：「通教不通宗，猶如蛇鑽洞。通宗不通教，逢人便亂道。」
32 諸佛為救度眾生、利濟眾生而出現於世，稱為「出世」。
33 佛的智慧，如日能照明一切黑暗，所以喻為「慧日」。
34 煩惱障、業障、報障，稱作三障。
35 有種種色身的一切生類，稱作色類，如「胎、卵、濕、化、有色、無色、有想、無想」等各色各類眾生。

波波[36]度一生，到頭還自懊；

欲得見真道，行正即是道。

自若無道心，闇行不見道；

若真修道人，不見世間過。

若見他人非，自非卻是左[37]；

他非我不非，我非自有過。

但自卻非心，打除煩惱破；

憎愛不關心，長伸兩腳臥[38]。

欲擬化他人，自須有方便；

勿令破有疑，即是自性現。

佛法在世間，不離世間覺；

離世覓菩提，恰如求兔角。

正見名出世，邪見是世間；

邪正盡打卻[39]，菩提性宛然[40]。

此頌是頓教，亦名大法船[41]；

迷聞經累劫，悟則剎那間。」

師復曰：「今於大梵寺說此頓教，普願法界眾生，言下見性成佛。」時韋使君與官僚、道俗，聞師所說，無不省悟。一時作禮，皆歎：「善哉！何期嶺南有佛出世！」

---

[36] 波波，奔波的意思。
[37] 「左」，偏差的意思，如旁門「左」道。
[38] 長伸兩腳臥，形容諸緣盡歇，身心自在，無所罣礙。
[39] 邪正盡打卻，不論邪見、正見，一齊打掃淨盡的意思。
[40] 宛然，顯然分明可見的樣子。
[41] 法能使人了脫生死，猶如船能渡人，過此生死海到彼涅槃岸，稱作「法船」。

論議

　　「般若」是佛教的特色，是佛法不共世間學問之處。「般若」是音譯，就是我們所說的「智慧」。

　　所謂「菩提般若之智，世人本自有之」，乃以「法性」、「佛性」是每個眾生本來都有的，這是所謂「本有」。然，依佛教「四悉檀」也就是四種宗趣來說，說「本來有」是「滿足希求」、「為人生善悉檀」（又稱「各各為人悉檀」），是一種鼓勵作用，為「信增上者」而說。佛法（第一義）太深了，眾生每「自卑」、「懈怠」，覺得這不是自己所能修學的，所以「為眾生故」，說眾生本有。

　　佛教「四悉檀」出於龍樹《大智度論》卷一，其文云：

> 有四種悉檀，一者世界悉檀，二者各各為人悉檀，三者對治悉檀，四者第一義悉檀。四悉檀中一切十二部經，八萬四千法藏，皆是實，無相違背。（《大正藏》第25冊，頁59中）

四悉檀是四種宗趣、理趣、成就、方法，是佛說法的四種概念，也是度生的四種方法，即是「第一義悉檀」（顯揚真義）、「對治悉檀」（破斥猶豫）、「各各為人悉檀」（滿足希求）以及「世界悉檀」（吉祥悅意）。

　　就如我們常說：「眾生皆有佛性。」但眾生還是凡夫，不就是佛了。如印順《成佛之道》說：

約理佛性說，一切眾生都是有佛性的。約行佛性說，待緣而成，所以是或有或無的。大乘法種是菩提心，發菩提心，與菩提心相應的一切功德，就是行性佛性。《法華經》的「佛種從緣起」，就是約菩提心種說的。……這樣的行性佛性，依經所說，略有二位：一、性種性位；二、習種性位。這是說：起「初」，「以」見佛，聞法為因緣，發大菩提心，熏「習成」大乘佛「性」，如下種一樣，名性種性。……「以是」，法空性（理佛性）雖凡聖一如，眾生界、菩薩界、佛界，平等平等，而成佛或不成佛，還「待修習」來分別：是否熏發了菩提心？是否依菩提心種而不斷熏習增長？如不修習，凡夫還是凡夫，如能依大乘而熏修，那不問是誰，「一切」眾生的「佛」果，都是可以「成」就的。（頁258-260）

懂得修行的人是不在嘴巴上說說而已，所謂：「迷人口說，智者心行。」有智慧的人知道是要去實踐。宗教的特質就是實踐，否則「說食不飽」。「口莫終日說空，心中不修此行」，這就是所謂的「口但說空，行在有中」，都不是真正的實踐。

「煩惱即菩提」，是轉煩惱成菩提而非斷煩惱成菩提，煩惱不是東西，沒辦法斷，發菩提心，行菩薩行，煩惱之雜草自然無從生起。這是因為煩惱是因緣和合，菩提也是因緣和合。在什麼地方跌倒，就在什麼地方爬起來。如鋼筋水泥堆在一起，成了障礙，如照建築師之建造方法，用這些東西蓋起來就成房屋。又如「生死即涅槃」、「眾生即佛」，都是這個意思。

進一步來說，煩惱即菩提，然取著菩提就是煩惱。如通達性空，般若現前，自然沒有煩惱。這如文中所說：「前念著境即煩惱，後念離境即菩提。」

在智慧的學習過程中，要有「善知識」的引導。如《雜阿含經》卷三十云：「有四種入流分。何等為四，謂親近善男子，聽正法，內正思惟，法次法向。」（《大正藏》第2冊，頁215中）其中，「親近善男子」即「親近善知識」，這是四預流支（四個預入聖人之流）的第一要件。

有關「四預流支」，印順《初期大乘佛教之起源與開展》進一步說：

> 佛法重智證，但證入要有修學的條件──四預流支，而四依是預流支的抉擇。如慧學應「親近善士」，但親近善知識，目的在聞法，所以應該依所說的法而不是依人──「依法不依人」。「聽聞正法」，而說法有語言（文字）與語言所表示的意義，聽法是應該「依義不依語」的。依義而作「如理作意」（思惟），而佛說的法義，有究竟了義的，有不澈底不了義的，所以「如理作意」，應該「依了義經不依不了義經」。進一步要「法隨法行」，而行有取識的行，智慧的行，這當然要「依智不依識」。「四依」是聞思修慧的抉擇，是順俗而有次第的。（頁1237-1238）

此外，〈無相頌〉所云：「若真修道人，不見世間過。若見

他人非，自非卻是左；他非我不非，我非自有過。但自卻非心，
打除煩惱破。」這段經文的意思是說：真正修道而與無我相應之
人，既達能、所雙亡，當然再也沒有能見的「我」與所見的「世
間」之是非過愆可言；應知他人之過非，過在他人而不在我，若
自生執染是非之見，便有失湛然寂照之自心。若見他非，自不動
念而批評之，若評議之，則憎惡怨結滋生而成過失；但自除卻非
議他人之心念，則煩惱妄心頓銷、不除自破，當下體證無生而自
在無礙！但這是自我反省與自證的工夫，而不是待人處世的原
則，否則就變成無是非、善惡的癡人！（邱敏捷：〈「若真修道
人，不見世間過」——與傳道法師對話錄之二〉，收於邱敏捷
《三心了不可得——與傳道法師對話錄》，臺南：中華佛教百科
文獻基金，2015年1月初版，頁5-10）。

　　所謂「反省」，是指向內心覺照、檢點自我過愆，而使淨
心相繼、與道相應。「自證」，乃指行者觀察緣起無我，超越能
所、言詮的體證，進而展現於日用的自在生活。待人處世，首先
就要「分別善惡」、「抉擇善惡」，否則「是非不分」、「善惡
不明」，如何「止惡行善」、「諸惡莫作」而「眾善奉行」？又
如何「見賢思齊，見不賢而內自省」？

問題深究

1.佛教的特色為何？
2.《金剛經》思想內容為何？
3.《金剛經》與《六祖壇經》有何關係？

▎疑問第三

　　一日，韋刺史為師設大會齋[1]。齋訖，刺史請師陞座，同官僚、士庶[2]，肅容再拜，問曰：「弟子聞和尚說法，實不可思議。今有少疑，願大慈悲，特為解說。」

　　師曰：「有疑即問，吾當為說。」

　　韋公曰：「和尚所說，可不是達磨大師宗旨乎？」

　　師曰：「是。」

　　公曰：「弟子聞達磨初化梁武帝[3]，帝問云：『朕一生造寺、度僧、布施、設齋，有何功德？』達磨言：『實無功德。』弟子未達此理，願和尚為說。」

　　師曰：「實無功德，勿疑先聖之言。武帝心邪，不知正法。造寺、度僧、布施、設齋，名為求福，不可將福便為功德。功德在法身中，不在修福。」

---

[1] 在大法會中，兼吃齋飯，稱作大會齋。
[2] 士族與庶族，指一般人民，這裡是指一般信眾而言。
[3] 梁武帝是南朝梁的開國之王，蘭陵人，姓蕭，名衍，字叔達，小字練兒。帝博能學文，崇信佛教，曾三度捨身出家同泰寺。梁武帝見達磨，當在得國稱帝之前，係後人追記之辭。

延伸討論：

1. 印順説：「寺塔的增多興建，可以攝引部分人來信佛，可説佛法興盛了；但重於修福，求今生來生的幸福，與佛法出世的主旨，反而遠了！修福也是好事，但出家眾總是讚揚供養三寶的功德，信眾的物力有限，用在社會福利事業，怕反要減少了！」（《華雨集》第二冊，頁83）

2. 印順説：「就福報與智慧二者，簡單説來，求福報應該是沒有滿足的時候，而對於現有的福報，不可浪費，並且要設法多多培養。一個有福報的人，不但生活不成問題，並且無論他走到那裏，都與眾生有緣，別人都願意幫助他。如此，不論他自己修行或是度化他人，都是一件容易的事。反之，一位沒有福報的人，除了必須為生活苦惱外，走到那裏，都與眾生無緣，並且也遇不到善知識，不但無法度眾生，甚至想自己修行都不容易，開悟則是更困難的事，所以大乘法是尊重福德的。」（《華雨集》第一冊，頁73）

師又曰：「見性是功，平等是德。念念無滯，常見本性真實妙用，名為功德。內心謙下是功，外行於禮是德。自性建立萬法是功，心體離念是德。不離自性是功，應用無染是德。若覓功德法身，但依此作，是真功德。」

「若修功德之人，心即不輕，常行普敬[4]。心常輕人，吾我

---

[4] 普敬，普皆尊敬、不輕看人的意思。

不斷，即自無功。自性虛妄不實，即自無德，為吾我自大，常輕一切故。」

「善知識！念念無間是功，心行平直是德。自修性是功，自修身是德。」

「善知識！功德須自性內見，不是布施供養之所求也。是以福德與功德別。武帝不識真理，非我祖師有過。」

刺史又問曰：「弟子常見僧俗念阿彌陀佛[5]，願生西方。請和尚說，得生彼否？願為破疑。」

師言：「使君善聽，惠能與說。世尊在舍衛城[6]中，說西方引化。經文分明，去此不遠。若論相說，里數有十萬八千，即身中十惡八邪[7]，便是說遠。說遠為其下根，說近為其上智。人有兩種，法無兩般。迷悟有殊，見有遲疾。迷人念佛，求生於彼，悟人自淨其心。所以佛言：『隨其心淨，即佛土淨。』[8]使君！東方人但心淨即無罪，雖西方人心不淨亦有愆[9]。東方人造罪，念佛求生西方；西方人造罪，念佛求生何國？凡愚不了自性，不識身中淨土，願東願西，悟人在處一般。所以佛言：『隨所住處恒安樂。』使君！心地但無不善，西方去此不遙。若懷不善之心，念佛往生難到。今勸善知識，先除十惡，即行十萬；後除八

---

[5] 阿彌陀佛，義譯為無量光無量壽，是西方極樂淨土的教主。姚秦·鳩摩羅什譯《阿彌陀經》說：「彼佛光明無量，照十方國，無所障礙。」（《大正藏》第12冊，頁347上）又說：「其佛壽命及其人民，無量無邊阿僧祇劫。」（同上）在空間上，稱為無量光佛；在時間上，稱為無量壽佛。

[6] 「舍衛城」位於中印度境內，是憍薩羅國的首都。

[7] 殺生、偷盜、邪淫、妄語、兩舌、惡口、綺語、貪、瞋、癡，稱為十惡；邪見、邪思惟、邪語、邪業、邪命、邪方便、邪念、邪定，稱為八邪。

[8] 姚秦·鳩摩羅什譯《維摩詰經》卷上云：「隨其心淨，即佛土淨。」（《大正藏》第14冊，頁538下）。

[9] 愆，音ㄑㄧㄢ，罪過的意思。

邪，乃過八千。念念見性，常行平直，到如彈指，便睹彌陀。」

「使君！但行十善，何須更願往生？不斷十惡之心，何佛即來迎請？若悟無生頓法，見西方只在剎那。不悟念佛，求生路遙，如何得達？惠能與諸人移西方於剎那間，目前便見。各願見否？」

延伸討論：

1. 印順說：「中國唐代的淨土法門，專重他力，而禪宗是主心外無物，頓息一切分別，所以批評淨土法門的有取（淨土）有捨（娑婆），有分別念（佛）。」（《淨土與禪》，頁115）

2. 印順《往生淨土論講記》：「佛教界又有言唯心淨土者，認為淨土唯在人心中，心外實無淨土。如是說法，大違佛意。須知世界唯心所現，是說固是，但既如是說，須知穢土亦是唯心所現。今承認唯心所現之穢土為現前實有，何以又不承認唯心所現之淨土為實有？故既信淨土，必信其實有，不可執理廢事。」（《華雨集》第一冊，頁360）

眾皆頂禮云：「若此處見，何須更願往生？願和尚慈悲，便現西方，普令得見。」

師言：「大眾！世人自色身是城，眼耳鼻舌是門。外有五門，內有意門。心是地，性是王，王居心地上。性在王在，性去王無。性在身心存，性去身心壞。佛向性中作，莫向身外

求。自性迷即是眾生，自性覺即是佛。慈悲即是觀音，喜捨名為勢至[10]。能淨即釋迦[11]，平直[12]即彌陀。人我是須彌[13]，邪心是海水[14]，煩惱是波浪[15]，毒害是惡龍，虛妄是鬼神[16]，塵勞是魚鱉[17]。貪瞋是地獄[18]，愚癡是畜生。」

延伸討論：

1.印順說：「在一般的教理中，每說『性地』、『心王』，而《壇經》卻不同，……『自心地上，覺性如來』。從眾生來說，『性』是每人的生命主體（王，主，主人翁），每人的真正自己（真我）。眾生位中，可說『性』與『身心』是對立的；身心的生存與滅壞，是以『性』的存在與離去而決定的。」（《中國禪宗史》，頁353）

---

10 對一切眾生都能平等的歡喜布施叫喜捨。大勢至菩薩至一切地方，平等施法，度化眾生；自心常存喜捨之念，自身即是勢至。

11 釋迦牟尼佛修清淨行，功德圓滿，成就佛道；能夠淨化自心至畢竟清淨，自身即是釋迦。

12 姚秦·鳩摩羅什譯《維摩詰經》卷上說：「直心是道場。」（《大正藏》第14冊，頁542下）阿彌陀佛以正直佛心，發四十八願成就極樂淨土，平等攝益眾生；自心平直也就是自性彌陀的顯現，自身即是彌陀。

13 世人所以會有損人利己，此疆彼界等不善業，都是「人法二我執」所造成的；由於「我執」的潛伏作祟，使人造下如須彌山一樣高的惡業：有人我執，就等於一座須彌高山障礙著正道。

14 歪邪心念，能使人心如海水般的洶湧澎湃，不得安寧，故說邪心是海水。

15 煩惱心念，盤據我人心中，前念去後念來，猶如海中一個緊跟一個的浪花，故說煩惱是波浪。

16 後秦·筏提摩多譯《釋摩訶衍論》卷九說：「障身為鬼，障心為神。」（《大正藏》第32冊，頁658中）鬼神是虛妄為障。人的心地虛偽，就如同鬼神的虛妄為障，故說虛妄是鬼神。

17 魚鱉終日在水中穿梭不停，人在塵勞中奔波亦復如是，故說塵勞是魚鱉。

18 貪欲、瞋恚盤據於心，使人惶惶不安，猶如造了地獄的罪業，故說貪瞋是地獄。

「善知識！常行十善，天堂便至；除人我，須彌倒；去貪欲，海水竭；煩惱無，波浪滅；毒害除，魚龍絕。自心地上覺性如來放大光明，外照六門清淨，能破六欲諸天[19]。自性內照，三毒即除，地獄等罪，一時銷滅，內外明徹，不異西方。不作此修，如何到彼？」

延伸討論：

1. 印順説：「『觀心破相』，是禪者對經中所説的法門，用自己身心去解説。」（《中國禪宗史》，頁170）

2. 印順説：「禪者卻專以此來解説一切，稱為『破相』，實際是對存在於人間的佛教，起著嚴重的破壞作用。」（《中國禪宗史》，頁172-173）

3. 印順説：「《壇經》以自己身心來解説，迷成穢土，悟即淨土。不談事實上國土的穢與淨，而專在自己身心上説，禪者都有此傾向。」（《中國禪宗史》，頁173）

　　大眾聞說，了然見性，悉皆禮拜，俱歎：「善哉！」唱言：「普願法界眾生，聞者一時悟解。」

　　師言：「善知識！若欲修行，在家亦得，不由在寺。在家能行，如東方人心善；在寺不修，如西方人心惡。但心清淨，即是自性西方。」

---

[19] 六欲諸天就是欲界的六重天，指一重四天王天、二重忉利天、三重夜摩天、四重兜率天、五重樂變化天與六重他化自在天。

韋公又問：「在家如何修行？願為教授。」

師言：「吾與大眾說『無相頌』。但依此修，常與吾同處無別。若不依此修，剃髮出家，於道何益？」頌曰：

> 心平何勞持戒？行直何用修禪？
> 恩則孝養父母，義則上下相憐；
> 讓則尊卑和睦，忍則眾惡無諠。
> 若能鑽木出火，淤泥定生紅蓮。
> 苦口的是良藥，逆耳必是忠言。
> 改過必生智慧，護短心內非賢。
> 日用常行饒益，成道非由施錢。
> 菩提只向心覓，何勞向外求玄？
> 聽說依此修行，西方只在目前。

師復曰：「善知識！總須依偈修行，見取自性，直成佛道。時不相待，眾人且散，吾歸曹溪。眾若有疑，卻來相問。」

時，刺史、官僚、在會善男信女，各得開悟，信受奉行。

論議

「疑問品」主要討論兩個問題？一是「功德」與「福德」的差別？二是「西方淨土」與「自心淨土」的不同？

這裏記載梁武帝（464-549）見達摩問：「朕一生造寺、度僧、布施、設齋，有何功德？」達摩言：「實無功德。」梁武帝

對於佛教雖然多所護持，但重於形式、事相，忽略了實質的內容與本質。這種動機與觀念等同世俗的價值，遠離佛教作一切善事與空無我慧相應的菩薩道精神。達摩對梁武帝有「對治」作用，目的在指導梁武帝直探本心，不要忘卻佛教的真正精神。慧能就舉這個例子來說明。

慧能進一步解說：「實無功德，勿疑先聖之言。武帝心邪，不知正法。造寺、度僧、布施、設齋，名為求福，不可將福便為功德。功德在法身中，不在修福。」所謂「福德」是有心為善，但還未與空性相應，還是有一個我在作善事的心在，還有施者、所施之物與被施者，而不是「三輪體空」的境地。「功德」是一切所作所為，「利他為上」，且又能「自淨其意」，與空性相應，導向解脫。

文中又云：「若修功德之人，心即不輕，常行普敬。心常輕人，吾我不斷，即自無功。」「心常輕人」，自是有一個「我」在，所施所行，自未能導向清淨、第一義。在《法華經》卷六〈常不輕菩薩品〉：「我不敢輕於汝等，汝等皆當作佛。」（《大正藏》第9冊，頁50下-51上）這也是文中所說的「心行平直是德」。《法華經》卷七〈觀世音菩薩普門品〉：「慈眼視眾生，福聚海無量。」（同上，頁193上）平等視眾生。

再者，文中「西方淨土」與「自心淨土」的辯證問題。這是攸關禪宗與淨土宗對「淨土」主張的不同。淨土宗強調「念佛往生」、「他方淨土」。在佛教的發展中，十方世界皆有淨土。所謂淨土世界的存在是不容否認的。然，禪宗回到「自性」，所以強調「自心淨土」。並引用《維摩詰經·佛國品》：「若菩薩欲

得淨土，當淨其心，隨其心淨，則佛土淨。」（《大正藏》第14冊，頁538下）強調回到當下自身「行十善」、「除十惡」，不必一定要往生西方去修行。

依靠他力往生的「西方淨土」，或依靠自力的「自心淨土」，一直是中國禪宗與淨土宗論辯的議題。北宋永明延壽（904-975）為調合兩者而提出「禪淨雙修」，而佛教界流傳有禪淨的四句料簡：「有禪無淨土，十人九岔路；無禪有淨土，萬修萬人去；有禪有淨土，猶如帶角虎；無禪無淨土，銅床并鐵柱。」據說是永明延壽所造，然其論著中並無此作。

對於「無禪無淨土，鐵床並銅柱」，對中國佛教有其影響。印順說：

> 「無禪無淨土，銅床並鐵柱」。這等於說沒有究竟悟證、
> 往生極樂，那死了非墮地獄不可。這是中國佛教的特色。
> ……死了變鬼，一死而前功盡棄的習俗信仰，深深的影響
> 中國佛教。（《無諍之辯》，頁195-196）

這是過去中國佛教禪宗與淨土宗常常討論的問題。現在這些問題隨著對佛教修行觀念的提升，有了些轉變，如目前臺灣佛教所倡導的「人間佛教」強調「此時、此地、此人的關懷與淨化」，創造「人間淨土」，與禪淨所爭論的問題自然有別。

禪師在闡述道理或解經上，有其特殊方式，如該文云：「常行十善，天堂便至；除人我，須彌倒；去貪欲，海水竭；煩惱無，波浪滅；毒害除，魚龍絕。」對於這種詮釋方式，印順《中

國禪宗史》說：

> 「觀心破相」，是禪者對經中所說的法門，用自己身心去
> 解說。……而禪者卻專以此來解說一切，稱為「破相」，
> 實際是對存在於人間的佛教，起著嚴重的破壞作用。……
> 《壇經》以自己身心來解說，迷成穢土，悟即淨土。不談
> 事實上國土的穢與淨，而專在自己身心上說，禪者都有此
> 傾向。（頁170-173）

禪師有禪師解經的特色，簡潔扼要，但有時候脫離事實，專
在自己身心上說，則是過度簡化，值得商榷。

問題深究

1.本文哪句話對您而言是最受用的？為什麼？

2.他方淨土的意義為何？

3.何謂「心淨則佛土」？

▌定慧第四

　　師示眾云：「善知識！我此法門，以定慧為本。大眾勿迷言定慧別。定慧一體，不是二。定是慧體，慧是定用；即慧之時定在慧，即定之時慧在定。若識此義，即是定慧等學。諸學道人！莫言先定發慧、先慧發定各別。作此見者，法有二相。口說善語，心中不善。空有定慧，定慧不等。若心口俱善，內外一如，定慧即等。自悟修行，不在於諍。若諍先後，即同迷人，不斷勝負，卻增我法，不離四相[1]。」

延伸討論：

1.印順說：「對於禪悟，《壇經》是主張『定慧等學』的。
　進修的方法，一般是『因定發慧』，也就是先定而後慧。
　定──禪定的修習，一般以坐為主，所以有『坐禪』一
　詞。」（《中國禪宗史》，頁345）

---

[1] 姚秦·鳩摩羅什譯《金剛般若波羅蜜經》：「佛告須菩提：『諸菩薩摩訶薩應如是降伏其心：所有一切眾生之類──若卵生，若胎生，若濕生，若化生；若有色，若無色；若有想，若無想，若非有想非無想，我皆令入無餘涅槃而滅度之。如是滅度無量無數無邊眾生，實無眾生得滅度者。何以故？須菩提！若菩薩有我相、人相、眾生相、壽者相，即非菩薩。」（《大正藏》第8冊，頁749上）此我相、人相、眾生相、壽者相，即四相者。

「善知識！定慧猶如何等？猶如燈光。有燈即光，無燈即闇。燈是光之體，光是燈之用。名雖有二，體本同一。此定慧法，亦復如是。」

師示眾云：「善知識！一行三昧者，於一切處，行住坐臥，常行一直心是也。《淨名》云：『直心是道場，直心是淨土。』莫心行諂曲[2]，口但說直；口說一行三昧，不行直心。但行直心，於一切法，勿有執著。迷人著法相、執一行三昧，直言常坐不動，妄不起心，即是一行三昧。作此解者，即同無情，卻是障道因緣。」

「善知識！道須通流，何以卻滯？心不住法，道即通流；心若住法；名為自縛。若言常坐不動是，只如舍利弗宴坐林中，卻被維摩詰訶[3]。」

「善知識！又有人教坐，看心觀靜，不動不起，從此置功。迷人不會，便執成顛[4]。如此者眾，如是相教，故知大錯。」

師示眾云：「善知識！本來正教，無有頓漸，人性自有利鈍。迷人漸修，悟人頓契。自識本心，自見本性，即無差別，所以立頓漸之假名。」

---

[2] 諂曲，即是諂媚不正的意思。

[3] 姚秦・鳩摩羅什譯《維摩詰經》云：「唯！舍利弗！不必是坐，為宴坐也。夫宴坐者：不於三界現身意，是為宴坐；……不斷煩惱而入涅槃，是為宴坐。若能如是坐者，佛所印可。」（《大正藏》第14冊，頁539下）舍利弗，又叫舍利子，中印度摩揭陀國人，婆羅門種，在釋迦牟尼佛十大弟子中為智慧第一。宴坐，即坐禪或靜坐。維摩詰，佛在世時，毗耶離城的一位在家菩薩。當釋迦牟尼佛在毗耶離城的菴摩羅園說法時，曾方便示病，為探病的諸比丘、菩薩說大乘法義，稱《維摩詰經》。訶，大聲申斥的意思。

[4] 顛，瘋狂的意思。

延伸討論：

1. 印順說：「頓與漸，是根機的利鈍問題，不是『法』的不同。鈍根累劫漸修，等到悟入，還是一樣的『自性般若』。從應機的利鈍說，直捷的開示悟入，是頓；須種種方便，漸次修學而悟入的，是漸。如『定慧等學』，『三學等』是頓；戒、定、慧的分別次第進修，是漸。」（《中國禪宗史》，頁315-316）

「善知識！我此法門，從上以來，先立無念為宗，無相為體，無住為本。無相者，於相而離相；無念者，於念而無念；無住者，人之本性。於世間善惡好醜，乃至冤之與親，言語觸刺欺爭之時，並將為空，不思酬害[5]。念念之中，不思前境。若前念、今念、後念，念念相續不斷，名為繫縛[6]。於諸法上念念不住，即無縛也。此是以無住為本。」

延伸討論：

1. 印順說：「《壇經》說：『無相為體，無住為本，無念為宗』。體、宗、本——三者並舉，是《壇經》的特色。」（《中國禪宗史》，頁117）

---

[5] 酬害，報復的意思。
[6] 繫縛是煩惱的異名。煩惱如繩能縛身心，使人不得自由，故稱繫縛。

2.印順說：「只人類當前的念念相續（心），就是本性，於一切法上本來就是不住著的，這叫『無住為本』。」（《中國禪宗史》，頁135）

3.印順說：「依《壇經》說，『無念』，不是什麼都不念。人的本性，就是『念念不住』的（這名為「無住為本」）。可說『念』是人的本性，是人本性──真如所起的用。所以『無念』不是什麼都不念，不念，那就是死了。眼、耳、鼻、舌是不能念的；六根有見聞覺知，實在是自性──真如的用。所以只要「不住」（住就是繫縛），只要『於一切境上不染』，那就是『無念』，『解脫自在』。見聞覺知不是六根所有的，是自性（真如，佛性）的用。離見聞覺知，去來屈申以外，那裏有佛可得！」（《中國禪宗史》，頁263）

4.印順說：「眾生是於相而取著相的，如看心就著於心相，看淨就著於淨相。取相著相，就障自本性，如雲霧的障於明淨的虛空。如離相，就頓見性體的本來清淨，如雲散而虛空明淨一般。所以無相不只是離一切相，更是因離相而顯性體的清淨，『自性』是以無相為體的。」（《中國禪宗史》，頁357）

5.印順說：「《壇經》所說，一切以『自性』為主。無相是性體清淨──體；無住是本性無縛，心無所住──相；無念是真如起用，不染萬境──用。從此悟入自性，就是『見性成佛』。」（《中國禪宗史》，頁360）

「善知識！外離一切相，名為無相。能離於相，即法體清淨。此是以無相為體。」

「善知識！於諸境上心不染，曰無念。於自念上常離諸境，不於境上生心。若只百物不思，念盡除卻，一念絕即死，別處受生，是為大錯。學道者思之。若不識法意，自錯猶可，更誤他人。自迷不見，又謗佛經，所以立無念為宗。」

延伸討論：
1. 印順說：「基於平常的『淨心』，把握當前的一念，『於一切境上不染』，『即是見性，內外不住，來去自由』。從直捷切要來說，這確是直捷切要極了！」（《中國禪宗史》，頁135）

2. 印順說：「『念』，是名詞。『無念』，不是沒有念；沒有的，是『二相諸塵勞』。念是真如的作用，是從『性』而起的。念是眾生『本性』的作用，是『念念相續，無有斷絕』的，斷絕便是死了。『無念為宗』，只是本性的，人人現成的念——見聞覺知。從平常心行中，『於自念上離境，不於法上生念』就是。『念是真如之用』，不是聖人才有的，不是悟證了才有的。念是自性的作用，所以《壇經》堅定的反對沒有念。」（《中國禪宗史》，頁368）

「善知識！云何立無念為宗？只緣口說見性，迷人於境上

有念，念上便起邪見，一切塵勞妄想，從此而生。自性本無一法可得，若有所得，妄說禍福，即是塵勞邪見，故此法門立無念為宗。」

「善知識！無者，無何事？念者，念何物？無者，無二相，無諸塵勞之心；念者，念真如本性。真如即是念之體，念即是真如之用。真如自性起念，非眼耳鼻舌能念。真如有性，所以起念；真如若無，眼耳色聲當時即壞。」

「善知識！真如自性起念，六根雖有見聞覺知，不染萬境，而真性常自在。故經云：『能善分別諸法相，於第一義而不動。』」

延伸討論：

1. 印順說：「那『無念』是什麼意義呢？『於自念上離境，不於法上念生』，就是無念。念是心，心所對的是境（法）。一般人在境上起念，如境美好，於境上起念，起貪。境相惡，就於境上起念，起瞋。一般人的『念』，是依境而起，隨境而轉的。這樣的念，是妄念，終日為境相所役使，不得自在。所以說：『迷人於境上有念，念上便起邪見，一切塵勞妄念從此而生』。所以要『無念』──『於自念上離境，不於法上念生』。也就是不依境起，不逐境轉。『念』，是本來自在解脫的。念是真如的用，真如（『性』）是念的體。從『性起念』，本來自在。只為了心境對立，心隨境轉，才被稱為妄念。

只要『於自念上離境』，念就是見聞覺知（自性的作用）。雖還是能見，能聽，而這樣的見聞覺知，卻不受外境所染，不受外境的干擾，（性自空寂）而念念解脫自在。於『自念上離境』，是要下一番功力的。對念說境，對境說念，這樣的二相現前，念就不能不逐境而轉了。所以在體見自性（見無念）時，沒有二相，不能不所。那時，不但沒有『於境上有念』的有念，連『不於法上念生』的無念也不立。不落言說，不落對待，只是正念──自性的妙用現前：『善能分別諸法相，於第一義而不動』。」（《中國禪宗史》，頁359）

論議

佛教三學，指的是戒、定、慧。戒是一種德性；定是共世間的；慧是佛教的特色。

修定首在離欲，印順《佛法概論》云：

依戒生定，是在三業清淨的基礎，修得清淨的禪定（三昧、瑜伽等大同小異），為內心體驗必要的修養法。……習定的方法，儘可不同，但大抵調身、調息、調心，使精神集中而歸於平靜。這有一重要事實，即修習禪定，必以離欲為先。如貪戀一般的現實生活，那是不能得定的。（頁229）

何謂「離欲」？印順《佛法概論》云：

> 佛法的修定離欲，重於內心煩惱的調伏，並非拒絕世間一
> 切。……這可見問題在內心；不繫戀於環境，不追逐於
> 塵欲，那麼隨緣適量的享受，無不是少欲知足。（頁230-
> 231）

修定有四種功德：一是，為得「現法樂」，禪心與輕安相
應，能引發身心的安和、調柔、自在；二是，為得「勝知見」，
光明想，淨觀，五通，都是依禪定而起的超越常情的知見；三
是，為得「分別慧」，修學禪慧的，依佛法說，要從日常生活中
去學。如穿衣時知道自己在穿衣，乞食時知道自己在乞食，行路
時知道在行路，談話時知道在談話，起善念知道是善念，起不善
念知道是不善念，受時知道是受，覺想時知道是覺想。平時心寧
靜明了，那進修禪慧，也就會順利而容易達到了；四是，為得
「漏永盡」，無常、無我我所──空慧，要依定而發。（參見印
順：《華雨集》第三冊，頁151-159）

如何修慧？印順《佛法概論》：

> 無漏慧的實證，必以聞、思、修三有漏慧為方便。如不
> 聞、不思，即不能引發修慧，也即不能得無漏慧。……由
> 慧觀而契入法性，不是取相分別識的觀察，是從無自性分
> 別而到達離一切取相戲論的。（頁234-239）

對於世間「諸行無常」、「諸法無我」要有正確的認知。如此，「止」中有「觀」，「觀」中有「止」，有就是「定慧一體」。

　　關於「頓漸」問題。就佛法而言，沒有頓漸之分；就個人開悟成佛而言，也沒頓漸之分。每個人都要經過「種、熟、脫」的階段，且理需頓悟，事必漸修，人人皆然。

問題深究

1.《淨名》指的是哪部經？「淨」意為何？
2.本文中哪一句話您覺得最受用？
3.自我省察一下，目前最執著的是什麼？

坐禪第五

師示眾云：「此門坐禪，元不著心，亦不著淨，亦不是不動。若言著心，心元是妄。知心如幻，故無所著也。若言著淨，人性本淨，由妄念故，蓋覆真如。但無妄想，性自清淨。起心著淨，卻生淨妄。妄無處所，著者是妄。淨無形相，卻立淨相，言是工夫。作此見者，障自本性，卻被淨縛。」

延伸討論：

1. 印順說：「對看心，看淨，不動，長坐──東山門下所傳的一般禪法，加以批評，認為是障礙悟門的。『坐禪』，或『禪定』，慧能是不偏於坐（「直坐不動」）的，不偏於靜（「除妄不起心」）的。只要『於一切法上無有執著』，活潑潑的『一切無礙』，行住坐臥都是禪。這一原則，曹溪門下可說是一致的，特別是批評以坐為『坐禪』的偏執。」（《中國禪宗史》，頁345-346）

2. 印順說：「曹溪門下所傳的，是般若相應的禪，定慧不二的禪，無所取著的禪。以此為『禪』的定義（曹溪門下自己下的定義），所以對入定出定，內照外照，住心看淨等，採取否定的立場。」（《中國禪宗史》，頁347）

3.宋·道原纂《景德傳燈錄·南嶽懷讓》卷五云:「道一住傳法院,常日坐禪。師知是法器,往問曰:『大德!坐禪圖什麼?』一曰:『圖作佛。』師乃取一塼,於彼庵前石上磨。一曰:『師作什麼?』師曰:『磨作鏡。』一曰:『磨磚豈得成鏡耶?』師曰:『坐禪豈得成佛耶?』一曰:『如何即是?』師曰:『如人駕車不行,打車即是,打牛即是?』一無對。師又曰:『汝學坐禪,為學坐佛?若學坐禪,禪非坐臥。若學坐佛,佛非定相,於無住法不應取捨。汝若坐佛,即是殺佛。若執坐相,非達其理。』」(《大正藏》第51冊,頁240下)

「善知識!若修不動者,但見一切人時,不見人之是非善惡過患,即是自性不動。善知識!迷人身雖不動!開口便說他人是非、長短、好惡,與道違背。若著心著淨,即障道也。」

師示眾云:「善知識!何名坐禪?此法門中,無障無礙,外於一切善惡境界,心念不起名為坐,內見自性不動名為禪。善知識!何名禪定?外離相為禪,內不亂為定。外若著相,內心即亂;外若離相,心即不亂。本性自淨自定,只為見境、思境即亂。若見諸境,心不亂者,是真定也。善知識!外離相即禪,內不亂即定,外禪內定,是為禪定。《菩薩戒經》云:『戒本元自性清淨。』善知識!於念念中,自見本性清淨,自修自行,自成佛道。」

論議

佛教的「解脫道」，不外乎八正道，但佛應機而說有種種道品。在《雜阿含經》卷二四云：

> 阿難白佛，世尊：「云何自洲以自依？云何法洲以法依？云何不異洲不異依？」佛告阿難：『若比丘身身觀念處，精勤方便，正智正念，調伏世間貪憂。如是外身、內外身；受、心、法法觀念處，亦如是說。阿難，是名自洲以自依，法洲以法依，不異洲不異洲依。」（《大正藏》第2冊，頁177上）

佛教弟子們依自己、依法而修習，而依止的法，就是四念處——身念處、受念處、心念處、法念處；四念處是八正道中「正念」的內容。

禪宗原是從「心念處」入，但心飄浮不定、如幻如化，不是那麼容易把握。慧能批評神秀一門「看心」、「看淨」的修行方法，而倡導直指本性，見性成佛之道。慧能則直指人心，見性成

佛，無念為宗，只要「於一切法上無有執著」，活潑潑的「一切無礙」，行住坐臥都是禪，故特別批評以坐為「坐禪」的偏執。

問題深究

1.談談自己平日如何讓心情安靜下來？

2.目前最干擾心情的是什麼？

3.如何把握您的起心動念？

▌懺悔第六

時，大師見廣、韶泊四方士庶駢集[1]山中聽法，於是陞座告眾曰：「來，諸善知識！此事須從自事中起，於一切時，念念自淨其心，自修自行，見自己法身，見自心佛，自度自戒，始得不假到此。既從遠來，一會於此，皆共有緣。今可各各胡跪[2]，先為傳自性五分法身香，次授無相懺悔。」眾胡跪。

延伸閱讀：

1. 印順說：「在『佛法』中，『懺悔』是進修的方便，與『戒學』有關。到了『大乘佛法』，『懺悔罪業』為日常修持的方便。從大乘經去看，幾乎重『信』的經典，說到『念佛』（不一定念阿彌陀佛），都會說到消除生死重罪的。中國佛教流行的種種懺法，就由此而來。懺，是梵語ksama——懺摩的音略，意義為容忍。如有了過失，請求對方（個人或團體）容忍、寬恕，是懺的本義。悔是desana的意譯，直譯為『說』：犯了過失，應該向對方

承認過失；不只是認錯，要明白說出自己所犯的罪過，這才是『悔』了。《三曼陀跋陀羅菩薩經》說：『所當悔者悔之，所當忍者忍之。』（《大正藏》第14冊，頁668下）；悔與忍合說，就是懺悔，成為中國佛教的習慣用語。」（《華雨集》第二冊，頁165）

師曰：「一戒香，即自心中無非無惡、無嫉妒、無貪瞋、無劫害，名戒香。二定香，即睹諸善惡境相，自心不亂，名定香。三慧香，自心無礙，常以智慧觀照自性，不造諸惡。雖修眾善，心不執著；敬上念下，矜恤[3]孤貧，名慧香。四解脫香，即自心無所攀緣[4]；不思善，不思惡，自在無礙，名解脫香。五解脫知見香，自心既無所攀緣善惡，不可沉空守寂，即須廣學多聞，識自本心，達諸佛理，和光[5]接物，無我無人，直至菩提，真性不易，名解脫知見[6]香。善知識！此香各自內熏[7]，莫向外覓。」

「今與汝等授無相懺悔，滅三世[8]罪，令得三業清淨。」

「善知識！各隨我語，一時道：『弟子等，從前念、今念及後念，念念不被愚迷染。從前所有惡業、愚迷等罪，悉皆懺悔，

3　矜恤，憐憫救濟的意思。
4　猿猴依枝附木而轉移，稱為攀緣；心隨外境轉移，也稱攀緣。
5　「和光」，即「和其光，同其塵」的意思，指與塵俗人同處時，謙虛和諧的態度。《老子》第五十六章：「塞其兌，閉其門，挫其銳，解其紛，和其光，同其塵，是謂『玄同』。」
6　「解脫知見」，就是自己證知「已經獲得解脫之智」，亦即觀照常明、通達無礙的後得智。
7　熏，音ㄒㄩㄣ，感習的意思，亦有「熏習」或「熏修」之稱。
8　過去、現在、未來，稱為三世。已生已滅叫過去；即生即滅叫現在；未生未滅叫未來。

願一時銷滅，永不復起。』『弟子等，從前念、今念及後念，念念不被憍誑[9]染。從前所有惡業、憍誑等罪，悉皆懺悔，願一時銷滅，永不復起。』『弟子等，從前念、今念及後念，念念不被嫉妬染。從前所有惡業、嫉妬等罪，悉皆懺悔，願一時銷滅，永不復起。』」

「善知識！已上是為無相懺悔。云何名懺？云何名悔？懺者，懺其前愆[10]。從前所有惡業，愚迷、憍誑、嫉妬等罪，悉皆盡懺，永不復起，是名為懺。悔者，悔其後過，從今以後，所有惡業，愚迷、憍誑、嫉妬等罪，今已覺悟，悉皆永斷，更不復作，是名為悔。故稱懺悔。」

「凡夫愚迷，只知懺其前愆，不知悔其後過。以不悔故，前愆不滅，後過又生。前愆既不滅，後過復又生，何名懺悔？」

「善知識！既懺悔已，與善知識發四弘誓願，各須用心正聽：自心眾生無邊誓願度，自心煩惱無邊誓願斷，自性法門無盡誓願學，自性無上佛道誓願成。」

「善知識！大家豈不道『眾生無邊誓願度』？恁麼[11]道，且不是惠能度。善知識！心中眾生，所謂邪迷心、誑妄心、不善心、嫉妬心、惡毒心，如是等心，盡是眾生。各須自性自度，是名真度。」

「何名自性自度？即自心中邪見煩惱愚癡眾生，將正見度。既有正見，使般若智打破愚癡迷妄眾生，各各自度。邪來正度，

9　憍，同驕，是自大的意思。憍誑，就是心懷異念，多現不實與不正之事。
10　愆，音ㄑㄧㄢ，過失的意思。
11　恁麼，猶言這麼說。恁，音ㄖㄣˋ。

迷來悟度，愚來智度，惡來善度。如是度者，名為真度。」

「又，『煩惱無邊誓願斷』，將自性般若智，除卻虛妄思想心是也。又『法門無盡誓願學』，須自見性，常行正法，是名真學。又『無上佛道誓願成』，既常能下心，行於真正，離迷離覺，常生般若，除真除妄，即見佛性，即言下佛道成。常念修行，是願力法。」

「善知識！今發四弘願了，更與善知識授無相三歸依戒。」

「善知識！歸依覺，兩足尊；歸依正，離欲尊；歸依淨，眾中尊。從今日去，稱覺為師，更不歸依邪魔外道。以自性三寶，常自證明。勸善知識，歸依自性三寶。佛者，覺也；法者，正也；僧者，淨也。自心歸依覺，邪迷不生，少欲知足，能離財色，名兩足尊。自心歸依正，念念無邪見，以無邪見故，即無人我、貢高[12]、貪愛、執著，名離欲尊。自心歸依淨，一切塵勞、愛欲境界，自性皆不染著，名眾中尊。若修此行，是自歸依。凡夫不會，從日至夜，受三歸戒。若言歸依佛，佛在何處？若不見佛，憑何所歸？言卻成妄。」

「善知識！各自觀察，莫錯用心。經文分明，言自歸依佛，不言歸依他佛。自佛不歸，無所依處。今既自悟，各須歸依自心三寶，內調心性，外敬他人，是自歸依也。」

「善知識！既歸依自三寶竟，各各志心，吾與說一體三身自性佛，令汝等見三身了然，自悟自性。總隨我道：『於自色身，歸依清淨法身佛。於自色身，歸依圓滿報身佛。於自色身，歸依

---

[12] 貢高，高傲憍慢的意思。

千百億化身佛。』」

「善知識！色身是舍宅，不可言歸。向者三身佛，在自性中，世人總有。為自心迷，不見內性；外覓三身如來，不見自身中有三身佛。汝等聽說，令汝等於自身中，見自性有三身佛。此三身佛，從自性生，不從外得。」

「何名清淨法身佛？世人性本清淨，萬法從自性生。思量一切惡事，即生惡行；思量一切善事，即生善行。如是諸法，在自性中。如天常清，日月常明，為浮雲蓋覆，上明下暗；忽遇風吹雲散，上下俱明，萬象皆現。世人性常浮游，如彼天雲。」

「善知識！智如日，慧如月，智慧常明，於外著境，被妄念浮雲蓋覆，自性不得明朗。若遇善知識，聞真正法，自除迷妄，內外明徹，於自性中萬法皆現。見性之人，亦復如是。此名清淨法身佛。」

「善知識！自心歸依自性，是歸依真佛。自歸依者，除卻自性中不善心、嫉妒心、諂曲心、吾我心、誑妄心、輕人心、慢他心、邪見心、貢高心，及一切時中不善之行；常自見己過，不說他人好惡，是自歸依。常須下心，普行恭敬，即是見性。通達更無滯礙，是自歸依。」

「何名圓滿報身？譬如一燈能除千年闇，一智能滅萬年愚。莫思向前，已過不可得；常思於後，念念圓明，自見本性。善惡雖殊，本性無二；無二之性，名為實性。於實性中，不染善惡，此名圓滿報身佛。自性起一念惡，滅萬劫善因；自性起一念善，得恒沙惡盡。直至無上菩提，念念自見，不失本念，名為報身。」

「何名千百億化身？若不思萬法，性本如空；一念思量，名為變化。思量惡事，化為地獄；思量善事，化為天堂。毒害化為龍蛇，慈悲化為菩薩，智慧化為上界[13]，愚癡化為下方[14]。自性變化甚多，迷人不能省覺。念念起惡，常行惡道；迴一念善，智慧即生，此名自性化身佛。」

「善知識！法身本具，念念自性自見，即是報身佛。從報身思量，即是化身佛。自悟自修自性功德，是真歸依。皮肉是色身，色身是舍宅，不言歸依也。但悟自性三身，即識自性佛。」

「吾有一『無相頌』，若能誦持，言下令汝，積劫迷罪，一時銷滅。」頌曰：

迷人修福不修道，只言修福便是道；
布施供養福無邊，心中三惡原來造。
擬將修福欲滅罪，後世得福罪還在；
但向心中除罪緣，名自性中真懺悔。
忽悟大乘真懺悔，除邪行正即無罪；
學道常於自性觀，即與諸佛同一類。
吾祖惟傳此頓法，普願見性同一體；
若欲當來覓法身，離諸法相心中洗。
努力自見莫悠悠[15]，後念忽絕一世休；
若悟大乘得見性，虔恭合掌至心求。

13　上界，指諸天，包括欲界天、色界天與無色界天。
14　下方，指三塗，包括地獄、餓鬼與畜生。
15　悠悠，虛度光陰之意。

師言：「善知識！總須誦取，依此修行，言下見性。雖去吾千里，如常在吾邊。於此言下不悟，即對面千里，何勤遠來？珍重好去。」

一眾聞法，靡[16]不開悟，歡喜奉行。

論議

「懺悔」在佛教修行上有其重要的意義，即對於過去人生的深切警覺與痛悔，並力求一個更新的、更好的人生。姚秦‧鳩摩羅什《梵網經‧菩薩戒序》：「有罪當懺悔，懺悔即安樂。」（《大正藏》第24冊，頁1003上）

「懺悔」的定義是，懺其前愆，悔其後過。「懺悔」是一種「和解」，解除與對方怨恨、緊張或不愉快的關係；也是自我與自我關係的調整。

所謂「戒香」、「定香」、「慧香」、「解脫香」與「解脫知見香」，即「五分法身」；這是修行所得的。「持戒」可得「戒香」；「修定」可得「定香」；「聞慧」可得「慧香」；「究竟解脫」可得「解脫香」與「解脫知見香」。如阿羅漢所證五分法身，確切地知道：「我已得解脫，知道自己解脫到什麼程度。」

修學佛法，以「發願」為先，這可說為成佛的根本。有「願」才會有「力」，也才能成就。佛教所說菩薩的「願菩提

---

16 靡，音ㄇㄧˇ，沒有的意思。

心」，廣而言之就是「四弘誓願」：「眾生無邊誓願度，煩惱無盡誓願斷，法門無量誓願學，佛道無上誓願成。」印順《成佛之道》說：「菩提心的修習，為修學大乘道，趣入大乘道的第一要著。菩提心從慈悲心起。」（頁262）《六祖壇經・懺悔第六》所說：「自心眾生無邊誓願度，自心煩惱無邊誓願斷，自性法門無盡誓願學，自性無上佛道誓願成。」這也是對治。

「三寶」就是佛、法、僧。印順《成佛之道》說：

> 三寶，是佛法的總綱。「歸敬三寶」，是進入佛門的初基。三寶的功德，真是無量無邊，不可思議，但如不能歸向三寶，就不能得到，無緣受用，正像不進入公園的大門，就不能領略林園花木的幽勝一樣。所以發心學佛，首先要歸依三寶。（頁2）

佛有三身：法身、報身、化身。「法身」從圓滿覺證說，是出離了煩惱藏所顯的最清淨法空性，圓明自在，究竟無上。法性所生身，就是平常所說的「報身」。「化身」是為地前菩薩、二乘、凡夫而現起的佛身。

有關「報身」與「化身」的差別。印順《成佛之道》說：

> 依法身而起法性所流身，如依太陽而有光與熱；光與熱遍一切處，但不能離於太陽。化身卻不同了，如水中的月影一樣，只是經水的反映而現起月的影子。法身「佛」是常住的，沒有來去，也沒有出沒，所以說「得不動身」。但

由「悲願」所熏發，為了「化」度「三有」眾生，能無功用地現起化身，有來有去，有生有沒，如長者入火宅那樣。（頁415）

　　我們既要「修福」也要「修道」。從先「以福捨罪」到「以捨捨福」就是「修福」到「修道」的歷程。執著「修福」是一種「順道法愛生」，對於無生的悟入是有礙的。

問題深究

1.平日如何反省自我的過錯？
2.說說與別人「和解」的經驗？
3.平日如何「修福」？

機緣第七

　　師自黃梅得法，回至韶州曹侯村，人無知者。（他本云，師去時，至曹侯村，住九月餘。然師自言：「不經三十餘日，便至黃梅。」此求道之切，豈有逗留？作去時者非是。）

　　有儒士劉志略，禮遇甚厚。志略有姑為尼，名無盡藏，常誦《大涅槃經》。師暫聽，即知妙義，遂為解說。尼乃執卷問字，師曰：「字即不識，義即請問。」尼曰：「字尚不識，焉能會義？」師曰：「諸佛妙理，非關文字。」尼驚異之，遍告里中耆德[1]云：「此是有道之士，宜請供養。」有魏（一作晉）武侯玄孫曹叔良及居民，競來瞻禮。

　　時寶林古寺，自隋末兵火，已廢。遂於故基重建梵宇，延師居之，俄成寶坊。師住九月餘日，又為惡黨尋逐，師乃遯于前山。被其縱火焚草木，師隱身挨入石中得免。石今有師跌坐膝痕及衣布之紋，因名「避難石」。師憶五祖「懷會止藏」之囑，遂行隱于二邑焉。

　　僧法海，韶州曲江人也。初參祖師，問曰：「即心即佛，願垂指諭[2]。」

---

[1] 耆，音ㄑㄧˊ。年老而有德行之人稱為「耆德」。
[2] 垂，長輩對下輩下達之表示，稱作「垂」。諭，音ㄩˋ，告知的意思。「願垂指

師曰：「前念不生即心，後念不滅即佛。成一切相即心，離一切相即佛。吾若具說，窮劫不盡。聽吾偈曰：『即心名慧，即佛乃定；定慧等持，意中清淨。悟此法門，由汝習性；用本無生，雙修是正。』」

法海言下大悟，以偈讚曰：

即心元是佛，不悟而自屈。

我知定慧因，雙修離諸物。

僧法達，洪州[3]人，七歲出家，常誦《法華經》。來禮祖師，頭不至地。師訶曰：「禮不投地，何如不禮？汝心中必有一物。蘊習[4]何事耶？」

曰：「念《法華經》已及三千部[5]。」

師曰：「汝若念至萬部，得其經意，不以為勝，則與吾偕行。汝今負此事業，都不知過。聽吾偈曰：『禮本折慢幢[6]，頭奚不至地？有我罪即生，亡功福無比。』」

師又曰：「汝名什麼？」

曰：「法達。」

師曰：「汝名法達，何曾達法？」復說偈曰：

　　論」，就是說希望能慈悲為我指示曉諭。
3　洪州，即今江西省南昌縣。
4　蘊習，積藏的意思。
5　誦一遍《法華經》，稱為一部。法達讀了三千遍的《法華經》，所以說三千部。
6　我慢心一起，自負、貢高，猶如幢之高聳，故將慢心喻稱「慢幢」。

汝今名法達，勤誦未休歇；

空誦但循聲，明心號菩薩。

汝今有緣故，吾今為汝說；

但信佛無言，蓮華從口發[7]。

達聞偈，悔謝曰：「而今而後，當謙恭一切。弟子誦《法華經》，未解經義，心常有疑。和尚智慧廣大，願略說經中義理。」

師曰：「法達！法即甚達，汝心不達。經本無疑，汝心自疑。汝念此經，以何為宗？」

達曰：「學人根性闇鈍，從來但依文誦念，豈知宗趣？」

師曰：「吾不識文字，汝試取經誦一遍，吾當為汝解說。」

法達即高聲念經，至〈譬喻品〉，師曰：「止！此經原來以因緣出世為宗。縱說多種譬喻，亦無越於此。何者因緣？經云：『諸佛世尊，唯以一大事因緣，出現於世。』『一大事』者，佛之知見也。世人外迷著相，內迷著空；若能於相離相，於空離空，即是內外不迷。若悟此法，一念心開，是為開佛知見。佛猶覺也，分為四門：開覺知見，示覺知見，悟覺知見，入覺知見。若聞『開、示』，便能『悟、入』，即覺知見，本來真性，而得出現。汝慎勿錯解經意，見他道：『開、示、悟、入』，自是佛之知見。我輩無分。若作此解，乃是謗經、毀佛也。彼既是佛，已具知見，何用更開？汝今當信，佛知見者，只汝自心，更無別

---

[7] 這是說要能離言說相、忘誦經之功，才可以說是誦《法華經》。

佛。」

「蓋為一切眾生，自蔽光明，貪愛塵境，外緣內擾，甘受驅馳。便勞他世尊從三昧起，種種苦口，勸令寢息[8]，莫向外求，與佛無二。故云開佛知見。吾亦勸一切人，於自心中，常開佛之知見。世人心邪，愚迷造罪，口善心惡，貪瞋嫉妒，諂佞[9]我慢，侵人害物，自開眾生知見。若能正心，常生智慧，觀照自心，止惡行善，是自開佛之知見。汝須念念，開佛知見，勿開眾生知見。開佛知見，即是出世，開眾生知見，即是世間。汝若但勞勞執念，以為功課者，何異犛牛愛尾[10]？」

達曰：「若然者，但得解義，不勞誦經耶？」

師曰：「經有何過？豈障汝念？只為迷悟在人，損益由己。口誦心行，即是轉經；口誦心不行，即是被經轉。聽吾偈曰：『心迷法華轉，心悟轉法華，誦經久不明，與義作讎家。無念念即正，有念念成邪，有無俱不計，長御白牛車[11]。』」

達聞偈，不覺悲泣，言下大悟，而告師曰：「法達從昔已來，實未曾轉《法華》，乃被《法華》轉。」再啟曰：「經云：『諸大聲聞，乃至菩薩，皆盡思共度量，不能測佛智。』今令凡夫，但悟自心，便名佛之知見。自非上根，未免疑謗。又經說三車：羊、鹿、牛車[12]與白牛之車，如何區別？願和尚再垂開示。」

8　寢息，止息的意思。
9　佞，音ㄋㄥ，討好他人或奉承他人稱「諂佞」。
10　犛牛對自己的尾巴極為愛護，所以說「犛牛愛尾」。
11　白牛車，喻一佛乘。長御白牛車，是說永遠信行一佛乘的道理。
12　羊車，喻聲聞乘；鹿車，喻緣覺乘；牛車，喻菩薩乘。這是以羊、鹿、牛車所能運載數量的多寡來比喻聲聞、緣覺與菩薩三乘之利世成就。

延伸討論：

1. 姚秦‧鳩摩羅什譯《法華經‧譬喻品第三》：「佛告舍利弗……：『爾時，長者即作是念：此舍已為大火所燒，我及諸子，若不時出，必為所焚。我今當設方便，令諸子等得免斯害。父知諸子先心各有所好，種種珍玩奇異之物，情必樂著，而告之言：『汝等所可玩好，稀有難得。汝若不取，後必憂悔。如此種種，羊車、鹿車、牛車今在門外，可以遊戲。汝等於此火宅，宜速出來，隨汝所欲，皆當與汝。』爾時諸子，聞父所說，珍玩之物，適其願故，心各勇銳，互相推排，競共馳走，爭出火宅。是時長者，見諸子等，安隱得出，皆於四衢道中，露地而坐，無復障礙，其心泰然，歡喜踊躍。時諸子等各白父言：父先所許，玩好之具，羊車、鹿車、牛車，願時賜與！』『舍利弗！爾時長者，各賜諸子等一大車，其車高廣，眾寶莊校，周匝欄楯，四面懸鈴，又於其上，張設幰蓋，亦以珍奇雜寶，而嚴飾之。寶繩絞絡，垂諸華纓。重敷綩綖，安置丹枕，駕以白牛。膚色充潔，形體姝好，有大筋力，行步平正，其疾如風，又多僕從，而侍衛之。所以者何？是大長者，財富無量，種種諸藏，悉皆充溢，而作是念：我財物無極，不應以下劣小車與諸子等。今此幼童，皆是吾子，愛無偏黨。我有如是七寶大車，其數無量，應當等心，各各與之，不宜差別。』」（《大正藏》第9冊，頁12下）

師曰：「經意分明，汝自迷背。諸三乘人，不能測佛智者，患在度量也。饒伊[13]盡思共推，轉加懸遠。佛本為凡夫說，不為佛說。此理若不肯信者，從他退席。殊不知，坐卻白牛車，更於門外覓三車。況經文明向汝道：『唯一佛乘，無有餘乘，若二若三，乃至無數方便，種種因緣，譬喻言詞，是法皆為一佛乘故。』汝何不省三車是假，為昔時故；一乘是實，為今時故。只教汝去假歸實，歸實之後，實亦無名。應知所有珍財，盡屬於汝，由汝受用。更不作父想，亦不作子想，亦無用想。是名持《法華經》。從劫至劫，手不釋卷；從晝至夜，無不念時也。」

達蒙啟發，踊躍歡喜，以偈讚曰：

> 經誦三千部，曹溪一句亡。
> 未明出世旨，寧歇[14]累生狂？
> 羊鹿牛權設，初中後善揚[15]。
> 誰知火宅內，元是法中王？

師曰：「汝今後方可名念經僧也。」達從此領玄旨，亦不輟誦經。

---

[13] 饒伊，任由他去的意思。
[14] 寧，安能的意思；寧歇，是安能停息。
[15] 此三善敷演開後，最後還只是會歸一佛乘。

延伸討論：

1. 唐·古靈神贊禪師：「空門不肯出，投窗也太癡。百年鑽
   故紙，何日出頭時。」（宋·普濟：《五燈會元》卷四，
   藍吉富主編：《禪宗全書》第8冊，頁195）。
2. 宋·白雲守端：「蠅愛尋光紙上鑽，未能透處幾多難。忽
   然撞著來時路，始覺平生被眼瞞。」（宋·白雲守端語，
   處凝等編：《白雲守端禪師廣錄》卷三，頁74）。

　　僧智通，壽州[16]安豐人。初看《楞伽經》約千餘遍，而不
會三身四智[17]。禮師求解其義。師曰：「三身者，清淨法身，汝
之性也；圓滿報身，汝之智也；千百億化身，汝之行也。若離
本性，別說三身，即名有身無智[18]；若悟三身無有自性[19]，即明
四智菩提。聽吾偈曰：『自性具三身，發明成四智[20]。不離見聞
緣，超然登佛地。吾今為汝說，諦信永無迷。莫學馳求者，終日
說菩提。』」

　　通再啟曰：「四智之義，可得聞乎？」

　　師曰：「既會三身，便明四智，何更問耶？若離三身，別談
四智，此名有智無身[21]；即此有智，還成無智。」復說偈曰：

16　壽州，即今安徽省壽縣。
17　四智就是：一，大圓鏡智；二，平等性智；三，妙觀察智；四，成所作智。
18　四智不離本性，假如離開本性而說三身，所談的也僅是不能起智用的名言假身，
　　故說「有身無智」。
19　三身是從空性而生，「身」本非身，只是安立的假名，故說「三身無有自性」。
20　「大圓鏡智」獨成法身，「平等性智」獨成報身，「妙觀察智」與「成所作智」
　　共成化身，故說自性三身發明，即成四智。
21　三身猶如燈泡，四智猶如電流；倘若沒有燈泡而有電流，電流亦無法發出它的光

大圓鏡智性清淨[22]，平等性智心無病[23]。

妙觀察智見非功[24]，成所作智同圓鏡[25]。

五八六七果因轉[26]，但用名言無實性。

若於轉處不留情[27]，繁興永處那伽定[28]。

（如上轉識為智也。教中云，轉前五識為成所作智，轉第六識為妙觀察智，轉第七識為平等性智，轉第八識為大圓鏡智。雖六七因中轉，五八果上轉，但轉其名而不轉其體也。）通頓悟性智，遂呈偈曰：

三身元我體，四智本心明；

能。離三身而別談四智，如有電流而沒有燈泡，故說「有智無身」。

[22] 真如自性離諸染塵，清淨圓明，洞澈內外，如大圓鏡，洞照萬物，故說「大圓鏡智性清淨」。

[23] 如來觀自他一切平等，以平等性智隨眾生的根機示現開導，令眾生悟證自性。此平等性智是由無所滯礙的心體流露出來，故說「平等性智心無病」。

[24] 如來善觀諸法自相、共相，與眾生根性樂欲，而以無礙辯才，說諸妙法，令眾生開悟，這稱作妙觀察智。此智於應機接物時，能頓時觀察明了，不假功成，不涉計度，不起分別，故說「妙觀察智見非功」。

[25] 如來成就其本願力所應作事，稱作成所作智。此智能隨事應用，悉入正受，如鏡照物，全是現量，完成任務，故說「成所作智同圓鏡」。

[26] 第八識，必須要成就佛果時，才能轉為大圓鏡智；前五識，必須要到第八識轉成大圓鏡智後，才能轉為成所作智；此兩智轉成後，方是「後得智」的圓成；故說「五八兩識果上轉」。
第六識與第七識，在眾生因地中時就即可先轉為妙觀察智與平等性智；此兩智轉成後，尚不得直稱為「後得智」，以其只有少份而猶未究竟圓成也；故說「六七兩識因中轉」。

[27] 這是說心悟得轉時，一悟悟到最極處，不再退轉。

[28] 繁興，繁雜多起的意思。永處猶言常在，那伽義譯為龍。在行、住、坐、臥的四威儀中，雖歷淨染多途而心常在定中，就如龍之靜潛深淵，能現大變而不失定力，稱作「龍定」。

身智融無礙，應物任隨形。

起修皆妄動，守住匪真精；

妙旨因師曉，終亡染污名。

僧智常，信州[29]貴溪人，髫年[30]出家，志求見性。一日參禮，師問曰：「汝從何來？欲求何事？」

曰：「學人近往洪州白峯山，禮大通和尚[31]，蒙示見性成佛之義。未決狐疑，遠來投禮，伏望和尚慈悲指示。」

師曰：「彼有何言句？汝試舉看。」

曰：「智常到彼，凡經三月，未蒙示誨。為法切故，一夕獨入丈室，請問：『如何是某甲本心本性？』大通乃曰：『汝見虛空否？』對曰：『見。』彼曰：『汝見虛空，有相貌否？』對曰：『虛空無形，有何相貌？』彼曰：『汝之本性，猶如虛空，了無一物可見，是名正見。無一物可知，是名真知。無有青、黃、長、短，但見本源清淨，覺體圓明，即名見性成佛，亦名如來知見。』學人雖聞此說，猶未決了，乞和尚開示。」

師曰：「彼師所說，猶存見知，故令汝未了。吾今示汝一偈：『不見一法存無見，大似浮雲遮日面。不知一法守空知，還如太虛生閃電。此之知見瞥然興，錯認何曾解方便？汝當一念自知非，自己靈光[32]常顯現。』」

常聞偈已，心意豁然。乃述偈曰：

29 信州，今江西省上饒縣即其舊治地。
30 髫年，指幼年的意思。
31 「大通」是神秀禪師的諡號，不會有人在其示寂之前，稱他為大通和尚。
32 這是指人人所固有之佛性，靈靈昭昭，常放光明，故稱「靈光」。

機緣第七　087

無端起知見，著相求菩提。

情存一念悟，寧越昔時迷。

自性覺源體，隨照枉遷流。

不入祖師室，茫然趣兩頭[33]。

智常一日問師曰：「佛說三乘法，又言最上乘。弟子未解，願為教授。」

師曰：「汝觀自本心，莫著外法相。法無四乘，人心自有等差。見聞轉誦是小乘，悟法解義是中乘，依法修行是大乘。萬法盡通，萬法俱備，一切不染，離諸法相，一無所得，名最上乘。乘是行義，不在口爭。汝須自修，莫問吾也。一切時中，自性自如。」

常禮謝執侍，終師之世。

僧志道，廣州南海人也。請益，曰：「學人自出家，覽《涅槃經》十載有餘，未明大意，願和尚垂誨。」

師曰：「汝何處未明？」

曰：「諸行無常，是生滅法；生滅滅已，寂滅為樂。於此疑惑。」

師曰：「汝作麼生疑？」

曰：「一切眾生皆有二身，謂色身、法身也。色身無常，有生有滅；法身有常，無知無覺。經云：『生滅滅已，寂滅為樂』

---

33 兩頭是指「存無見」和「守空知」。趣兩頭，走向存無之見與守空之知的意思。

者，不審何身寂滅，何身受樂？若色身者，色身滅時，四大分散[34]，全然是苦，苦不可言樂。若法身寂滅，即同草木瓦石，誰當受樂？又法性是生滅之體，五蘊是生滅之用。一體五用，生滅是常。生則從體起用，滅則攝用歸體。若聽更生，即有情之類，不斷不滅；若不聽更生，則永歸寂滅，同於無情之物。如是，則一切諸法，被涅槃之所禁伏，尚不得生，何樂之有？」

師曰：「汝是釋子，何習外道斷常邪見，而議最上乘法？據汝所說，即色身外，別有法身，離生滅求於寂滅。又推涅槃常樂，言有身受用。斯乃執吝生死，耽著世樂。汝今當知，佛為一切迷人，認五蘊和合為自體相，分別一切法為外塵相，好生惡死，念念遷流，不知夢幻虛假，枉受輪迴。以常樂涅槃，翻為苦相，終日馳求。佛愍此故，乃示涅槃真樂。剎那無有生相，剎那無有滅相，更無生滅可滅，是則寂滅現前。當現前時，亦無現前之量，乃謂常樂。此樂無有受者，亦無不受者，豈有一體五用之名？何況更言涅槃禁伏諸法，令永不生？斯乃謗佛毀法。聽吾偈曰：『無上大涅槃，圓明常寂照；凡愚謂之死，外道執為斷。諸求二乘人，目以為無作；盡屬情所計，六十二見[35]本。妄立虛假名，何為真實義；惟有過量人，通達無取捨。以知五蘊法，及以

---

[34] 地、水、火、風等能造作一切色法，稱為四大。我人的肉身，就是由地、水、火、風的堅、濕、煖、動等性所構成。此四大種性不調，肉身就會敗壞分散。

[35] 六十二見是外道的邪見，以五蘊為起見的對象，依色法與心法為根本。此六十二見，如下所述：以色、受、想、行、識等五蘊法為對象，起常、無常、亦常亦無常、非常非無常等見，如是五四共二十見；以色、受、想、行、識等五蘊為對象，起有邊際、無邊際、亦有邊際亦無邊際、非有邊際非無邊際等見，如是二十見；色、受、想、行、識等五蘊為對象，起有去來、無去來、亦有去來亦無去來、非有去來非無去來等見，如是二十見；此六十見又加上根本的色、心二見，共成六十二見。

蘊中我;外現眾色象,一一音聲相。平等如夢幻,不起凡聖見;不作涅槃解,二邊三際[36]斷。常應諸根用,而不起用想;分別一切法,不起分別想。劫火燒海底,風鼓山相擊;真常寂滅樂,涅槃相如是。吾今彊言說,令汝捨邪見;汝勿隨言解,許汝知少分。』」

志道聞偈大悟,踊躍作禮而退。

行思禪師,生吉州[37]安城劉氏。聞曹溪法席盛化,徑來參禮,遂問曰:「當何所務,即不落階級?」

師曰:「汝曾作什麼來?」

曰:「聖諦亦不為。」

師曰:「落何階級?」

曰:「聖諦尚不為,何階級之有?」師深器之,令思首眾。

一日,師謂曰:「汝當分化一方,無令斷絕。」思既得法,遂回吉州青原山,弘法紹化(諡弘濟禪師)。

懷讓禪師,金州[38]杜氏子也。初謁嵩山安國師[39],安發之曹溪參扣。讓至,禮拜。

師曰:「甚處來?」

曰:「嵩山。」

師曰:「什麼物?恁麼來?」

曰:「說似一物即不中。」

師曰：「還可修證否？」

曰：「修證即不無，污染即不得。」

師曰：「只此不污染，諸佛之所護念。汝既如是，吾亦如是。西天般若多羅讖：『汝足下出一馬駒，踏殺天下人[40]。』應在汝心，不須速說。」（一本無西天以下二十七字[41]）讓豁然契會，遂執侍左右一十五載，日臻玄奧。後往南嶽，大闡禪宗（勑諡大慧禪師）。

永嘉玄覺禪師，溫州[42]戴氏子。少習經論，精天臺[43]止觀法門[44]。因看《維摩經》發明心地。偶師弟子玄策相訪，與其劇談[45]，出言暗合諸祖。策云：「仁者得法師誰？」

曰：「我聽方等經論，各有師承。後於《維摩經》悟佛心宗[46]，未有證明者。」

策云：「威音王已前即得，威音王已後，無師自悟，盡是天然外道。」

曰：「願仁者為我證據。」

策云：「我言輕。曹溪有六祖大師，四方雲集，並是受法者。若去，則與偕行。」覺遂同策來參，繞師三匝，振錫而立。

---

[40] 踏殺天下人，縱橫不可當的意思。

[41] 此二十七個字：「西天般若多羅讖：『汝足下出一馬駒，踏殺天下人。』應在汝心，不須速說。」應是南嶽懷讓門人所加。

[42] 溫州，指現在的浙江永嘉縣。

[43] 天台宗的教觀備於隋朝的智者大師，大師曾住天臺山，並於天臺入滅，後世謂其所判之教為天臺教，而立天臺宗之宗名。

[44] 止是禪定的勝境，觀是智慧的功夫；止觀法門，就是修定慧合一的法門。

[45] 盡情的暢談，稱作「劇談」。

[46] 佛心宗就是禪宗的別名，因直指證悟的佛心，故稱佛心宗。

師曰：「夫沙門者，具三千威儀[47]、八萬細行[48]。大德自何方而來，生大我慢？」

覺曰：「生死事大，無常迅速。」

師曰：「何不體取無生，了無速乎？」

曰：「體即無生，了本無速。」

師曰：「如是，如是！」玄覺方具威儀禮拜，須臾告辭。

師曰：「返太速乎？」

曰：「本自非動，豈有速耶？」

師曰：「誰知非動？」

曰：「仁者自生分別。」

師曰：「汝甚得無生之意。」

曰：「無生豈有意耶？」

師曰：「無意，誰當分別？」

曰：「分別亦非意。」

師曰：「善哉！少留一宿。」

時謂「一宿覺」。後著《證道歌》，盛行于世。（諡曰無相大師，時稱為真覺焉）

禪者智隍，初參五祖，自謂已得正受[49]。庵居長坐，積二十年。師弟子玄策，游方至河朔，聞隍之名，造菴問云：「汝在此作什麼？」

隍曰：「入定。」

---

[47] 三千用以形容數目之多，此三千威儀是比丘具戒之外的微細行儀。

[48] 八萬亦是表示數目之多，此八萬細行是大乘菩薩戒之外的微細行儀。

[49] 想心都息，緣慮而亡，與三昧相應的禪定，名為正受。

策云：「汝云入定，為有心入耶？無心入耶？若無心入者，一切無情草木瓦石，應合得定；若有心入者，一切有情含識之流，亦應得定。」

隍曰：「我正入定時，不見有有無之心。」

策云：「不見有有無之心，即是常定。何有出入？若有出入，即非大定。」

隍無對，良久，問曰：「師嗣誰耶？」

策云：「我師曹溪六祖。」

隍云：「六祖以何為禪定？」

策云：「我師所說，妙湛圓寂，體用如如。五陰本空，六塵非有，不出不入，不定不亂。禪性無住，離住禪寂；禪性無生，離生禪想。心如虛空，亦無虛空之量。」隍聞是說，徑來謁師。

師問云：「仁者何來？」隍具述前緣。

師云：「誠如所言。汝但心如虛空，不著空見，應用無礙，動靜無心，凡聖情忘，能所[50]俱泯，性相如如，無不定時也。」（一本無「汝但」以下三十五字。止云：「師憫其遠來，遂垂開決」。）

隍於是大悟，二十年所得心，都無影響。其夜，河北士庶，聞空中有聲云：「隍禪師今日得道。」隍後禮辭，復歸河北，開化四眾。

一僧問師云：「黃梅意旨，甚麼人得？」

師云：「會佛法人得。」

50　能所，如六根對六塵，六根是能緣，六塵是所緣。

僧云：「和尚還得否？」

師云：「我不會佛法。」

師一日欲濯所授之衣而無美泉，因至寺後五里許，見山林鬱茂，瑞氣盤旋。師振錫卓地，泉應手而出，積以為池，乃跪膝浣衣石上。

忽有一僧來禮拜，云：「方辯是西蜀人，昨於南天竺國見達磨大師，囑方辯速往唐土：『吾傳大迦葉正法眼藏及僧伽梨，見傳六代於韶州曹溪，汝去瞻禮。』方辯遠來，願見我師傳來衣鉢。」

師乃出示，次問：「上人攻何事業？」

曰：「善塑。」

師正色曰：「汝試塑看。」辯罔措[51]。

過數日，塑就真相，可高七寸，曲盡其妙。師笑曰：「汝只解塑性，不解佛性。」師舒手摩方辯頂，曰：「永為人天福田。」師仍以衣酬之。辯取衣分為三，一披塑像，一自留，一用椶裹瘞地中[52]。誓曰：「後得此衣，乃吾出世，住持於此，重建殿宇。」（宋嘉祐八年，有僧惟先，修殿掘地，得衣如新。像在高泉寺，祈禱輒應。）

有僧舉臥輪禪師[53]偈曰：

---

[51] 罔措，不知所措的意思。
[52] 椶，音ㄗㄨㄥ，是一種常綠喬木，圓柱形莖，高三丈餘，葉大分裂至呈掌狀，葉柄的基部有毛包於莖上，此毛稱為椶毛，強韌而且很耐水濕，可用以製繩、帚。裹，包的意思。瘞，音ㄧˋ，埋藏的意思。椶裹瘞地中，是說用椶毛包起來埋藏在地中。
[53] 臥輪禪師的事蹟，已無從考證。

臥輪有伎倆，能斷百思想。

對境心不起，菩提日日長。

師聞之，曰：「此偈未明心地，若依而行之，是加繫縛。」因示一偈曰：

惠能沒伎倆，不斷百思想，

對境心數起，菩提作麼長。

論議

《六祖壇經》中最有故事性的就是〈行由品〉與〈機緣品〉。〈行由品〉中有弘忍與慧能的對話，機教相扣中，表現師生的智慧；〈機緣品〉亦然，應對進退，充滿機鋒。

〈機緣品〉主要記載的人物有九位：一是法海，二是法達，三是智常，四是志道，五是行思（？-740），六是懷讓（677-744），七是永嘉玄覺（665-713），八是智隍，九是方辯等。

第一位法海，就是記錄慧能說的弟子。法海問的是「定慧」的問題。

第二位法達，與慧能見面、互動、對答非常有趣。首先，法達誦《法華經》已達三千遍，面見慧能時，「頭不至地」，自以為是。慧能訓示道：「禮本折慢幢，頭奚不至地。」對於他誦經三千遍的事，又訓示道：「空誦但循聲，明心號菩薩」、「心迷法華轉，心悟轉法華」。

法達不明《法華經》意，請教有關「三車」的意義。《法華經·譬喻品第三》記載佛為舍利弗說「三乘」的意涵。有一位長者年邁體衰，為引誘火宅內諸子，強調門外有諸種羊車、鹿車與牛車，等諸子出來後給了「一大車」，「駕以白牛」。其經文云：「舍利弗，如彼長者，初以三車誘引諸子，然後但與大車寶物莊嚴安隱第一。」（《大正藏》第9冊，頁13下）

　　此外，慧能弟子中青原行思與南嶽懷讓都有傳人，分別是石頭希遷（700-790）與馬祖道一（709-788，或688-763）為「石頭宗」與「洪州宗」，發揚了曹溪的禪。

問題深究

1.慧能與弟子之對答，與孔子與弟子之對答有何不同？

2.如何讀經而不被經轉？

3.「能斷百思想」與「不斷百思想」的差別何在？

頓漸第八

　　時，祖師居曹溪寶林，神秀大師在荊南玉泉寺。于時兩宗盛化，人皆稱南能北秀，故有南北二宗頓漸之分，而學者莫知宗趣。

　　師謂眾曰：「法本一宗，人有南北。法即一種，見有遲疾。何名頓漸？法無頓漸，人有利鈍，故名頓漸。」

延伸討論：

1. 印順說：「頓與漸，是根機的利鈍問題，不是『法』的不同。鈍根累劫漸修，等到悟入，還是一樣的『自性般若』。」（《中國禪宗史》，頁315-316）

2. 印順說：「從應機的利鈍說，直捷的開示悟入，是頓；須種種方便，漸次修學而悟入的，是漸。如『定慧等學』，『三學等』是頓；戒、定、慧的分別次第進修，是漸。」（《中國禪宗史》，頁316）

3. 印順說：「神會稱慧能的法門為南宗，神秀所傳的是北宗：『師承是傍，法門是漸』，而南北從此對立起來。南北對立，不只是師承傍正的爭執；『南頓北漸』，才是

法門對立的實質。說到頓與漸，至少要明白兩點：一是理的頓悟漸悟，一是行的頓入漸入。諦理，小乘有漸入四諦，頓悟滅諦的二派。大乘以『一切法本不生』為究極，中國雖有過漸悟、頓悟的辯論（如劉虬〈無量義經序〉所說），而大乘經義，從來都是『悟理必頓』的。」（《中國禪宗史》，頁311）

4. 印順說：「說到行的頓入漸入，主要是從初發心到證悟成佛，如一定要歷位進修，經三大阿僧祇劫，就是漸。如直捷的證入，成佛，『不歷僧祇獲法身』，就是頓。」（《中國禪宗史》，頁312）

5. 印順說：「初發心『一念相應』，『唯存一念相應，實非更有階漸』。『一念相應』，就是『無念』。只此『無念』，『單刀直入』，『直了見性』，不假其他方便的，是頓。如以為『須隨方便始悟』，也就是要經種種方便——攝心方便、觀察次第方便，才能悟入的，就是漸。」（《中國禪宗史》，頁314）

然秀之徒眾，往往譏南宗祖師不識一字，有何所長？秀曰：「他得無師之智[1]，深悟上乘，吾不如也。且吾師五祖親傳衣法，豈徒然哉！吾恨不能遠去親近，虛受國恩。汝等諸人，毋滯於此，可往曹溪參決。」

一日，命門人志誠曰：「汝聰明多智，可為吾到曹溪聽法。

---

[1] 無師之智，是無師而獨悟的佛智。

若有所聞，盡心記取，還為吾說。」志誠稟命至曹溪，隨眾參請，不言來處。

時祖師告眾曰：「今有盜法之人，潛在此會。」志誠即出禮拜，具陳其事。

師曰：「汝從玉泉來，應是細作[2]。」

對曰：「不是。」

師曰：「何得不是？」

對曰：「未說即是，說了不是。」

師曰：「汝師若為示眾？」

對曰：「常指誨大眾，住心觀靜，長坐不臥。」師曰：「住心觀靜，是病非禪。長坐拘身，於理何益？聽吾偈曰：『生來坐不臥，死去臥不坐；一具臭骨頭，何為立功課？』」

志誠再拜曰：「弟子在秀大師處學道九年，不得契悟。今聞和尚一說，便契本心。弟子生死事大，和尚大慈，更為教示。」

師云：「吾聞汝師教示學人戒定慧法，未審汝師說戒定慧行相如何？與吾說看。」

誠曰：「秀大師說，諸惡莫作名為戒，諸善奉行名為慧，自淨其意名為定。彼說如此，未審和尚以何法誨人？」

師曰：「吾若言有法與人，即為誑汝。但且隨方解縛，假名三昧。如汝師所說戒定慧，實不可思議。吾所見戒定慧又別。」

志誠曰：「戒定慧只合一種，如何更別？」

2　潛伏在敵方，專門做探視敵情工作的間諜，稱做「細作」。

師曰：「汝師戒定慧，接大乘人；吾戒定慧，接最上乘人。悟解不同，見有遲疾。汝聽吾說，與彼同否？吾所說法，不離自性。離體說法，名為相說，自性常迷。須知一切萬法，皆從自性起用，是真戒定慧法。聽吾偈曰：『心地無非自性戒，心地無癡自性慧，心地無亂自性定，不增不減自金剛，身去身來本三昧。』」

誠聞偈，悔謝，乃呈一偈曰：

　　五蘊幻身，幻何究竟？
　　迴趣真如，法還不淨。

師然之。復語誠曰：「汝師戒定慧，勸小根智人；吾戒定慧，勸大根智人。若悟自性，亦不立菩提涅槃，亦不立解脫知見。無一法可得，方能建立萬法。若解此意，亦名佛身，亦名菩提涅槃，亦名解脫知見。見性之人，立亦得、不立亦得，去來自由，無滯無礙，應用隨作，應語隨答，普見化身，不離自性，即得自在神通遊戲三昧，是名見性。」

志誠再啟師曰：「如何是不立義？」

師曰：「自性無非、無癡、無亂，念念般若觀照，常離法相，自由自在，縱橫盡得，有何可立？自性自悟，頓悟頓修，亦無漸次，所以不立一切法。諸法寂滅，有何次第？」志誠禮拜，願為執侍，朝夕不懈。（誠，吉州太和人也。）

僧志徹，江西人，本姓張，名行昌，少任俠。自南北分化，二宗主雖亡彼我，而徒侶競起愛憎。時北宗門人，自立秀師為第

六祖，而忌祖師傳衣為天下聞，乃囑行昌來刺師。師心通[3]，預知其事，即置金十兩於座間。時夜暮，行昌入祖室，將欲加害。師舒頸就之，行昌揮刃者三，悉無所損。師曰：「正劍不邪，邪劍不正。只負汝金，不負汝命。」行昌驚仆，久而方蘇，求哀悔過，即願出家。師遂與金，言：「汝且去，恐徒眾翻害於汝。汝可他日，易形而來，吾當攝受。」行昌稟旨宵遁。後投僧出家，具戒精進。一日，憶師之言，遠來禮覲。

師曰：「吾久念汝，汝來何晚？」

曰：「昨蒙和尚捨罪，今雖出家苦行，終難報德，其惟傳法度生乎！弟子常覽《涅槃經》，未曉常無常義。乞和尚慈悲，略為解說。」

師曰：「無常者，即佛性也。有常者，即一切善惡諸法分別心也。」

曰：「和尚所說，大違經文。」

師曰：「吾傳佛心印，安敢違於佛經？」

曰：「經說佛性是常，和尚卻言無常。善惡之法乃至菩提心，皆是無常，和尚卻言是常。此即相違，令學人轉加疑惑。」

師曰：「《涅槃經》吾昔聽尼無盡藏，讀誦一遍，便為講說，無一字一義，不合經文。乃至為汝，終無二說。」

曰：「學人識量淺昧，願和尚委曲開示。」

師曰：「汝知否？佛性若常，更說什麼善惡諸法，乃至窮劫無有一人發菩提心者；故吾說無常，正是佛說真常之道也。又，

---

[3] 心通，六通中「他心通」的簡稱。能遍知其他有情心念的神通，稱做他心通。

一切諸法若無常者，即物物皆有自性，容受生死，而真常性有不遍之處。故吾說常者，正是佛說真無常義。佛比為凡夫、外道執於邪常，諸二乘人於常計無常，共成八倒[4]，故於《涅槃》了義教中，破彼偏見，而顯說真常、真樂、真我、真淨。汝今依言背義，以斷滅無常及確定死常，而錯解佛之圓妙最後微言。縱覽千遍，有何所益？」

行昌忽然大悟，說偈曰：

> 因守無常心，佛說有常性；
> 不知方便者，猶春池拾礫。
> 我今不施功，佛性而現前；
> 非師相授與，我亦無所得。

師曰：「汝今徹也，宜名志徹。」徹禮謝而退。

有一童子，名神會，襄陽高氏子。年十三，自玉泉來參禮。師曰：「知識遠來艱辛，還將得本來否？若有本則合識主。試說看。」

會曰：「以無住為本，見即是主。」

師曰：「這沙彌爭合取次語[5]？」

會乃問曰：「和尚坐禪，還見不見？」

師以柱杖打三下，云：「吾打汝，痛不痛？」

---

[4] 凡夫對生死之無常、無樂、無我與無淨，執為常樂我淨，此為凡夫的四種顛倒見；又二乘人對涅槃之常樂我淨，執為無常、無樂、無我與無淨。此為二乘人的四種顛倒見；合起來稱做八倒。

[5] 爭合取次語，怎麼可以這樣輕率地講的意思。

對曰：「亦痛亦不痛。」

師曰：「吾亦見亦不見。」

神會問：「如何是亦見亦不見？」

師云：「吾之所見，常見自心過愆，不見他人是非好惡，是以亦見亦不見。汝言：『亦痛亦不痛。』如何？汝若不痛，同其木石；若痛，則同凡夫，即起恚恨。汝向前見、不見是二邊，痛、不痛是生滅。汝自性且不見，敢爾弄人！」神會禮拜悔謝。

師又曰：「汝若心迷不見，問善知識覓路。汝若心悟，即自見性，依法修行。汝自迷不見自心，卻來問吾見與不見。吾見自知，豈代汝迷？汝若自見，亦不代吾迷。何不自知自見，乃問吾見與不見？」

神會再禮百餘拜，求謝過愆。服勤給侍，不離左右。

延伸討論：

1.印順說：「這一段師資相見的問答，對神會來說，沒有暗示神會的偉大，也沒有蓄意的譏貶，只是禪師平常接人的一則範例。神會是聰明人，可是不知道『自知自見』，向外作弄聰明，要問慧能的禪心，見還是不見。杖打三下，正要他向自己身心去自知自覺，這是禪師用棒的榜樣。一經慧能反詰，神會就自覺錯誤——痛與不痛，都落於過失。所以慧能責備他：『汝自迷不見自心，卻來問慧能見否！……何不自修，問吾見否？』神會這才向慧能禮謝，死心塌地的在曹溪修學。」（《中國禪宗史》，頁285）

一日，師告眾曰：「吾有一物，無頭無尾，無名無字，無背無面。諸人還識否？」

神會出曰：「是諸佛之本源，神會之佛性。」

師曰：「向汝道：『無名無字』，汝便喚作本源、佛性。汝向去有把茆蓋頭[6]，也只成箇知解宗徒[7]。」

（祖師滅後，會入京洛，大弘曹溪頓教，著《顯宗記》，盛行于世。是為荷澤禪師。）

師見諸宗難問，咸起惡心，多集座下，愍而謂曰：「學道之人，一切善念、惡念，應當盡除。無名可名，名於自性。無二之性，是名實性。於實性上建立一切教門，言下便須自見。」

諸人聞說，總皆作禮，請事為師。

論議

人有利鈍，法無頓漸。因為人有利鈍，故在學習上形成頓與漸的分別。「頓漸」之爭，在中國佛教史上也有其發展。

大體而言，佛教有別於世間學問的主要價值之一在於凸顯「涅槃解脫」的人生課題。「涅槃解脫」係屬於「悟證」層次，有「頓悟」與「漸悟」之別，從應機的利鈍說，直捷的開示悟入，是「頓」；須種種方便，漸次修學而悟入，是「漸」。

這種「頓漸」思想，在中國佛教史上曾引起很大的諍辯，其中晉末宋初與唐代禪宗之「頓漸之爭」受到學界的關注尤多。

---

[6] 茆，音ㄇㄠˊ，作茅草解釋。有把茆蓋頭，是說有一個茅蓬存身。
[7] 知解宗徒，猶言不免「以佛法作知解會」的人。這是訶斥其立知見的意思。

然而，論者對於這兩個歷史階段的「頓漸之爭」輒聚焦於「道生的頓悟」與「禪宗的頓悟」的關係，導致整個中國佛教「頓漸之爭」的內涵及其意義反而被簡單化與模糊化了。

關於晉末宋初的「頓漸之爭」，齊・劉虯（436-495）〈無量義經序〉、陳・慧達《肇論疏》與隋・碩法師《三論遊意義》的內容常常被引用。

劉虯〈無量義經序〉曾說：「支公之論無生，以七住為道慧陰足，十住則群方與能。在跡斯異，語照則一。」（北齊・曇摩伽陀耶舍譯：《無量義經》，《大正藏》第9冊，頁384上）認為支道林（314-368）以「七住」為「道慧陰足」，是最早提出「頓悟說」者。

陳・慧達《肇論疏》區分當時之「頓悟說」為二：道生（355-434）為「大頓悟」，而主「七地」的支道林、道安（314-385）、慧遠（334-416）、埵法師（即法瑤）（？-473或477）與僧肇（約384-414）等為「小頓悟」。他說：

> 頓悟者，兩解不同。第一竺道生法師大頓悟云：夫稱頓者，……以不二之悟，符不分之理，理智恚釋，謂之頓悟。……第二小頓悟者。支道琳師云：七地始見無生。」
> （《卍續藏經》第150冊，頁858上下）

隋・碩法師《三論遊意義》的說法，近似於陳・慧達，惟多了主張「小頓悟」的「邪通師」（《大正藏》第45冊，頁121下）。

上述陳‧慧達與隋‧碩法師，把主張「頓悟」者分為「大頓悟」與「小頓悟」兩派，於是後人大多集中於「大頓悟」與「小頓悟」的討論，尤以道生的「大頓悟」為最。

　　不過，晉末宋初的「頓漸之爭」非僅止於此。在《鳩摩羅什法師大義》中，慧遠問羅什（約343-413）答：「無漏聖法，本無當於三乘。二乘無當，則優劣不同，階差有分。」（《大正藏》第45冊，頁139中）亦是有關「頓漸」問題的探討；而僧肇〈涅槃無名論〉之「詰漸」與「明漸」，所謂：「三乘眾生，俱濟緣起之津，同鑒四諦之的，絕偽即真，同升無為，然則所乘不一者，亦以智力不同故也。」（《大正藏》第45冊，頁160中）

　　諸如此類，都是有關「一乘」與「三乘」的「頓漸」問題，即「二乘」迂迴之行的「漸悟主義」，或菩薩直往之行的「頓悟主義」。有關晉末宋初所討論的「一乘」與「三乘」的「頓漸」問題，往往為學者所忽視。

　　基本上，晉末宋初的「頓漸之爭」包含兩個屬性不同的問題：一是「一乘」與「三乘」的「頓漸之爭」；一是「大頓悟」、「小頓悟」的「十地」或「七地」（或八地）之說。這兩個問題係分屬於不同的層次。

　　首先，「一乘」與「三乘」的「頓漸之爭」係屬「行的頓入漸入」；而同是「頓悟說」的「大頓悟」、「小頓悟」的「十地」或「七地」之說，乃屬「理的頓悟漸悟」。一是「行門」，一是「諦理」。且此「一乘」與「三乘」的「頓漸之爭」，主要依據《般若經》「三乘共通」之「十地」而來。至於「十地」或「七地」，或依《般若經》，或據《華嚴經》，則有待進一步探

討。釐清其不同，將有助於晉末宋初佛教界諍議課題之了解。

再者，晉末宋初的「頓漸之爭」絕不是突然發生的思想史事件。胡適（1891-1962）在《荷澤大師神會遺集》指出，道生的「頓悟說」是「中國思想」對「印度思想」的「革命」的「第一大炮」。胡氏此一論斷，顯與事實不符。佛教之修行，由於學者根性與修持方法的傳承不同，分為頓、漸兩派。

佛陀時代已有「頓漸之爭」，而部派佛教之「漸現觀」與「頓現觀」之爭亦是延續原始佛教而來。「大眾、分別說部」主張「頓現觀」，行者將四諦作一種共相空無我觀，其見道時，集中觀境在一「滅諦」上，見得寂滅空性，故為「見滅得道」，或稱「見空得道」者。「說一切有部」則主張「漸現觀」，行者先觀欲界的苦，再觀色、無色界的苦，如實了知苦後，再依次觀集、滅、道，四諦都如實見了，見苦時不見集，漸次證見，故或說為「見苦得道」。而「中觀派」之「頓現觀」與「瑜伽派」之「漸現觀」，同樣是此種現象之綿延。

頓漸相爭一直持續著，在西域佛教同時代之「達摩多羅」與「佛大先」（？-410），二人之頓漸也是「部派佛教」之頓漸的向後推移。從中國佛教史的觀點而言，頓悟與漸悟的對峙爭議，早在晉末達摩多羅和覺賢的禪經論點中，就已開啟端倪。達摩多羅與覺賢的禪法，已揭開中國佛教「頓漸之爭」的序幕。到中國來的羅什，以及其弟子僧肇、慧觀（？-424或453）等人，多少都與這有關。

從上可知，晉末宋初「頓漸之爭」其來有自，而唐代禪宗「南頓北漸」之爭，亦有所本。唐代禪宗「南頓北漸」之爭，

主要是六祖慧能（638-713）門人荷澤神會（約668-760），於洛陽大行禪法，著《顯宗記》（即《頓悟無生般若頌》），指神秀（605-706）為「漸」，慧能為「頓」，乃有南頓北漸之分。近人論及禪宗必以「南頓北漸」稱之。印順（1906-2005）《中國禪宗史》更進一步道：「南北對立，不只是師承傍正的爭執；『南頓北漸』，才是法門對立的實質。」（頁311）可以說，南禪北禪的矛盾，關鍵點還是在於法門頓漸取向的不同。

問題深究

1.對於自我的學習為屬於「鈍根」或「利根」？

2.如何與自己比較？

3.「生來坐不臥，死去臥不坐；一具臭骨頭，何為立功課？」其義為何？

宣詔第九

　　神龍元年上元日，則天、中宗詔云：「朕請安、秀二師宮中供養，萬機之暇，每究一乘，二師推讓云：『南方有能禪師，密授忍大師衣法，傳佛心印，可請彼問。』今遣內侍薛簡，馳詔迎請，願師慈念，速赴上京。」師上表辭疾，願終林麓。

　　薛簡曰：「京城禪德皆云：『欲得會道，必須坐禪習定。若不因禪定，而得解脫者，未之有也。』未審師所說法如何？」

　　師曰：「道由心悟，豈在坐也？經云：『若言如來，若坐若臥，是行邪道。』何故？無所從來，亦無所去。無生無滅，是如來清淨禪。諸法空寂，是如來清淨坐。究竟無證，豈況坐耶。」

　　簡曰：「弟子回京，主上必問。願師慈悲，指示心要，傳奏兩宮，及京城學道者。譬如一燈，然百千燈，冥者皆明，明明無盡。」

　　師云：「道無明暗，明暗是代謝之義。明明無盡，亦是有盡，相待立名故。《淨名經》云：『法無有比，無相待故。』」

　　簡曰：「明喻智慧，暗喻煩惱。修道之人，倘不以智慧照破煩惱，無始生死，憑何出離？」

　　師曰：「煩惱即是菩提，無二無別。若以智慧，照破煩惱者，此是二乘見解，羊鹿等機，上智大根，悉不如是。」

簡曰：「如何是大乘見解？」

師曰：「明與無明，凡夫見二；智者了達，其性無二。無二之性，即是實性。實性者，處凡愚而不減，在賢聖而不增，住煩惱而不亂，居禪定而不寂。不斷不常，不來不去，不在中間及其內外，不生不滅，性相如如，常住不遷，名之曰道。」

簡曰：「師說不生不滅，何異外道？」

師曰：「外道所說，不生不滅者，將滅止生，以生顯滅，滅猶不滅，生說不生。我說不生不滅者，本自無生，今亦不滅，所以不同外道。汝若欲知心要，但一切善惡，都莫思量，自然得入，清淨心體，湛然常寂，妙用恒沙。」

簡蒙指教，豁然大悟。禮辭歸闕，表奏師語。其年九月三日，有詔獎諭[1]師曰：「師辭老疾，為朕修道，國之福田。師若淨名[2]，託疾毘耶[3]，闡揚大乘，傳諸佛心，談不二法。薛簡傳師指授如來知見，朕積善餘慶，宿種善根，值師出世，頓悟上乘。感荷師恩，頂戴無已。」并奉磨衲[4]袈裟及水晶鉢，勅韶州刺史修飾寺宇，賜師舊居為國恩寺焉。

論議

〈宣詔〉旨在敘述慧能（638-713）在南方的「嶺南」，雖因在「中原」為國師的神秀（606-706）與安慧（581-709）所推

---

[1] 在上吩咐在下的人，稱作「諭」。
[2] 淨名（Vimalakirti），即維摩詰。
[3] 毘耶，即「毘耶離」，又作「毘舍離」。
[4] 磨衲，是高麗國袈裟的名稱。

薦而得到武則天（624-705）與唐中宗（656-710）的徵詔，然慧能終不赴詔。

有關神秀受詔情形，宋・贊寧《宋高僧傳》卷八云：

> 忍於上元中卒，秀乃往江陵當陽山居焉。四海緇徒，嚮風而靡。……則天太后聞之，召赴都。肩輿上殿，親加跪禮。內道場，豐其供施，時時問道。……中書令張說嘗問法，執弟子禮，退謂人曰：「禪師身長八尺，厖眉秀目，威德巍巍，王霸之器也。」初秀同學能禪師，與之德行相垺，互得發揚，無私於道也。嘗奏天后，請追能赴都。能懇而固辭。……天下散傳其道。謂秀宗為北，能宗為南，南北二宗，名從此起。（《大正藏》第50冊，頁756上）

當時神秀大揚禪法於京（西京長安）、洛（東京洛陽）受到無比的尊崇，有「二京法主，三帝門師」之稱謂。唐・圭峰宗密《禪源諸詮集都序》卷上云：「當高宗大帝乃至玄宗朝時，圓頓本宗，未行北地，唯神秀禪師，大揚漸教，為二京法主，三帝門師，全稱達摩之宗。」（《大正藏》第48冊，頁403下）

有關安慧受詔之情形，宋・贊寧《宋高僧傳》卷十八云：

> （安慧）貞觀中，至蘄州禮忍大師，麟德元年，遊終南山石壁而止。……天后嘗問安甲子。對曰：「不記也。」曰：「何不記耶？」乃曰：「生死之身如循環乎，環無起盡，何用記為？……從初識至動相滅時，亦只如此，何年

月可記耶？」……帝倍加欽重。殆中宗神龍二年九月，敕令中官賜紫袈裟并絹，度弟子二七人，復詔安并靜禪師，入中禁受供施，三年賜摩納一副，便辭歸少林寺。（《大正藏》第50冊，頁823中下）

慧能居於嶺南，終不受詔，然中原大亂，北宗禪因而衰弱，慧能之南宗禪一枝獨秀，以至天下凡言禪，皆本曹溪。

問題深究

1.何謂「不二法門」？
2.何謂「煩惱即是菩提」？
3.宗教與政治的關係為何？

▎付囑第十

　　師一日，喚門人法海、志誠、法達、神會、智常、智通、志徹、志道、法珍、法如等，曰：「汝等不同餘人，吾滅度後，各為一方師。吾今教汝說法，不失本宗。先須舉三科法門，動用三十六對，出沒即離兩邊。說一切法，莫離自性。忽有人問汝法，出語盡雙，皆取對法，來去相因。究竟二法盡除，更無去處。」

　　「三科法門者，陰、界、入也。陰是五陰，色、受、想、行、識是也。入是十二入，外六塵，色、聲、香、味、觸、法；內六門，眼、耳、鼻、舌、身、意是也。界是十八界，六塵、六門、六識，是也。」

　　「自性能含萬法，名含藏識[1]。若起思量，即是轉識[2]。生六識，出六門，見六塵。如是一十八界，皆從自性起用。自性若邪，起十八邪；自性若正，起十八正。若惡用，即眾生用；善用，即佛用。用由何等？由自性有。」

---

[1]　含藏識，簡稱為藏識，即八識中的第八阿賴耶識。
[2]　識，是指第七末那識。

延伸討論：

1. 印順說：「『自法性』起一切，含一切，名為含藏識。『心量廣大，猶如虛空。……性含萬法是大』。在這一意義上，性就是心，是第八藏心。『思量即轉識』，上面曾經引述：『不思量，性即空寂，思量即變化。思量惡法，化為地獄；思量善法，化為天堂』等。『思量』，是轉識特有的作用，迷妄本源，起善起惡，苦報、樂報，三界六趣生死，都由於思量。思量，自性就起化了，這是第七識。加上依六根門，緣六塵境的六識，共有八識。」（《中國禪宗史》，頁356）

「對法外境，無情五對：天與地對，日與月對，明與暗對，陰與陽對，水與火對。此是五對也。」

「法相[3]語言十二對：語與法對，有與無對，有色與無色對，有相與無相對，有漏與無漏對，色與空對，動與靜對，清與濁對，凡與聖對，僧與俗對，老與少對，大與小對。此是十二對也。」

「自性起用十九對：長與短對，邪與正對，癡與慧對，愚與智對，亂與定對，慈與毒對，戒與非對，直與曲對，實與虛對，險與平對，煩惱與菩提對，常與無常對，悲與害對，喜與瞋對，捨與慳對，進與退對，生與滅對，法身與色身對，化身與報身對。此是十九對也。」

---

[3] 由外可見的諸法殊別之相，稱做法相。

師言：「此三十六對法，若解用即道，貫一切經法，出入即離兩邊。自性動用，共人言語，外於相離相，內於空離空。若全著相，即長邪見；若全執空，即長無明。執空之人有謗經，直言不用文字。既云不用文字，人亦不合語言。只此語言，便是文字之相。又云：『直道不立文字。』即此『不立』兩字，亦是文字。見人所說，便即謗他，言著文字。汝等須知，自迷猶可，又謗佛經。不要謗經，罪障無數。若著相於外，而作法求真，或廣立道場，說有無之過患。如是之人，累劫不得見性。但聽依法修行，又莫百物不思，而於道性窒礙。若聽說不修，令人反生邪念。但依法修行，無住相法施。汝等若悟，依此說、依此用、依此行、依此作，即不失本宗。」

延伸討論：

1.印順說：「這是指示為人說法的方便。三科法門，即陰、界、入。在界法門中，說明『自性含萬法』——十八界；自性起十八邪，起十八正，與『性起』說相通。三十六對，分外境無情的五對，語言法相的十二對，自性起用的十九對，這是經中所沒有的分類法。這三大類，大概是依器界，有情（如凡聖、僧俗、老小等），法，即影取三世間而立的。『三十六對法，解用通一切經』。一切不離文字，也就是一切無非相依相因的對待法。所以『出語盡雙』，『出外於相離相，入內於空離空』，『出沒即離兩邊』，而能『不失本宗』。三科，及三十六對中的

『有為無為』，『有色無色』，『有相無相』，『有漏無漏』，與阿毘達磨的自相（三科），共相（對法）有關。這是以當時論師的法相為對象，擴大分類而引歸自宗的。禪師們好簡成性，三科三十六對，大概也嫌他名數紛繁，這所以一向少人注意！」（《中國禪宗史》，頁222）

2. 印順說：「一切法都是對待的，相依而立的（假名），所以『出沒即離兩邊』，只是引發學人去悟入自性。這是後代禪者，與人問答、開示的根本原則。」（《中國禪宗史》，頁403）

3. 印順說：「『不用文字』，也就該不用語言，這是人所不可能的。以『知解』為方便的荷澤禪，與慧能的禪風，是契合的。然洪州、石頭、保唐門下，成為『不立言說』的禪，這是歷史上的事實，這怎麼會呢？佛為眾生說法，流傳、結集，成為文字的經教。經教的聞思者，大抵作為高深的義理，實施的方法。如不引歸自己，應用於自己身心，那與世間學問一樣，只是一套空虛的知識。對學佛來說，沒有多大效果的。慧能所傳的特色，要人向自己身心中求；一切是自性——自性本來具足的。所以學法、求佛，不是著相的向外求覓，而是讓自己本性顯現出來，就是『見性成佛』。」（《中國禪宗史》，頁343）

4. 印順說：「慧能是禪者，不是從事學問的。然從慧能所說的《壇經》來看，卻是尊教的。慧能勸人持《金剛經》，一再說到勿『謗經法』。」（《中國禪宗史》，頁342）

「若有人問汝義,問有將無對,問無將有對,問凡以聖對,問聖以凡對。二道相因,生中道義。如一問一對,餘問一依此作,即不失理也。」

「設有人問:『何名為闇?』答云:『明是因,闇是緣,明沒即闇。』以明顯闇,以闇顯明,來去相因,成中道義。餘問悉皆如此。汝等於後傳法,依此轉相教授,勿失宗旨。」

師於太極元年壬子,延和七月(是年五月改延和,八月玄宗即位方改元先天,次年遂改開元。他本作先天者非。),命門人往新州國恩寺建塔,仍令促工,次年夏末落成。七月一日,集徒眾曰:「吾至八月,欲離世間[4]。汝等有疑,早須相問,為汝破疑,令汝迷盡。吾若去後,無人教汝。」法海等聞,悉皆涕泣。惟有神會,神情不動,亦無涕泣。

師云:「神會小師,卻得善不善等,毀譽不動,哀樂不生,餘者不得。數年山中,竟修何道?汝今悲泣,為憂阿誰?若憂吾不知去處,吾自知去處。吾若不知去處,終不預報於汝。汝等悲泣,蓋為不知吾去處;若知吾去處,即不合悲泣。法性本無生滅去來,汝等盡坐,吾與汝說一偈,名曰『真假動靜偈』。汝等誦取此偈,與吾意同,依此修行,不失宗旨。」

眾僧作禮,請師說偈。偈曰:

一切無有真,不以見於真,
若見於真者,是見盡非真。

---

[4] 高行健之創作稱為《八月雪》,即由此而來。

若能自有真，離假即心真，

自心不離假，無真何處真？

有情即解動，無情即不動，

若修不動行，同無情不動。

若覓真不動，動上有不動[5]，

不動是不動[6]，無情無佛種。

能善分別相[7]，第一義不動[8]，

但作如此見，即是真如用。

報諸學道人，努力須用意，

莫於大乘門，卻執生死智。

若言下相應，即共論佛義；

若實不相應，合掌令歡喜。

此宗本無諍，諍即失道意，

執逆諍法門，自性入生死。

　　時，徒眾聞說偈已，普皆作禮，並體師意，各各攝心，依法修行，更不敢諍。乃知大師，不久住世。法海上座，再拜問曰：「和尚入滅之後，衣法當付何人？」

　　師曰：「吾於大梵寺說法，以至于今，抄錄流行，目曰《法

5　自性本不動，即使輪刀上陣，自心仍然能夠如如不動，這是在動上覺到了自心的真不動。
6　這句話是說，無情之物是不動的，然禪境與木石無情的不動有別。
7　相，種種差別事物的法相。對諸法相，能應付自如；因物付物，而不動於心，稱作「能善分別相」。
8　遠離空、有兩邊，在諸法上，能夠不住一切法，亦不離一切法，是為中道真理的最勝義，為諸法義中最上最第一，稱為第一義。見得第一義，於種種法上，如如不動，稱作「第一義不動」。

寶壇經》[9]。汝等守護，遞相傳授，度諸群生。但依此說，是名正法。今為汝等說法，不付其衣。蓋為汝等，信根淳熟，決定無疑，堪任大事。然據先祖達磨大師，付授偈意，衣不合傳。」偈曰：

> 吾本來茲土，傳法救迷情；
> 一華開五葉[10]，結果自然成。

延伸討論：

1. 印順說：「到慧能而『衣不合傳』，《壇經》原意為佛道隆盛，分頭弘化，（衣只一件，所以）不用再傳衣了。」（《中國禪宗史》，頁224）

師復曰：「諸善知識！汝等各各淨心，聽吾說法。若欲成就種智[11]，須達一相三昧、一行三昧。若於一切處而不住相，於彼相中不生憎愛，亦無取捨，不念利益成壞等事，安閒恬靜，虛融澹泊，此名一相三昧。若於一切處行住坐臥，純一直心，不動道場，真成淨土，此名一行三昧。若人具二三昧，如地有種，含藏長養，成熟其實。一相一行，亦復如是。我今說法，猶如時雨，普潤大地。汝等佛性，譬諸種子，遇茲霑洽，悉得發生。承吾旨

---

9 「吾於大梵寺說法，以至于今抄錄流行，目曰《法寶壇經》。」這段文字應為神會弟子所增。
10 一華，指祖師達摩；五葉是指二祖至六祖，共五傳而言。
11 佛智不離空性而善能通達一切種種之法，稱為「一切種智」。

者，決獲菩提。依吾行者，定證妙果。聽吾偈曰：『心地含諸種，普雨悉皆萌。頓悟華情已，菩提果自成。』」

師說偈已，曰：「其法無二，其心亦然。其道清淨，亦無諸相，汝等慎勿觀靜及空其心。此心本淨，無可取捨。各自努力，隨緣好去。」爾時徒眾作禮而退。

大師，七月八日忽謂門人曰：「吾欲歸新州，汝等速理舟楫。」大眾哀留甚堅。師曰：「諸佛出現，猶示涅槃。有來必去，理亦常然。吾此形骸，歸必有所。」

眾曰：「師從此去，早晚可回。」

師曰：「葉落歸根，來時無口[12]。」

又問曰：「正法眼藏[13]，傳付何人？」

師曰：「有道者得，無心者通。」

又問：「後莫有難否？」

師曰：「吾滅後五六年，當有一人，來取吾首。聽吾記曰：頭上養親，口裏須餐，遇滿之難，楊柳為官。」又云：「吾去七十年，有二菩薩從東方來，一出家、一在家。同時興化，建立吾宗，締緝伽藍，昌隆法嗣。」

問曰：「未知從上佛祖，應現已來，傳授幾代？願垂開示。」

師云：「古佛應世，已無數量，不可計也。今以七佛為始，過去莊嚴劫，毘婆尸佛、尸棄佛、毘舍浮佛。今賢劫，拘留孫佛、拘那含牟尼佛、迦葉佛、釋迦文佛。是為七佛。」

---

[12] 無口，就是無言說，暗示著原本「無法可說」的意思。

[13] 正法眼藏，又稱作清淨法眼。

「已上七佛，今以釋迦文佛首傳。

第一摩訶迦葉尊者[14]

第二阿難尊者[15]

第三商那和修尊者

第四優波毱多尊者

第五提多迦尊者

第六彌遮迦尊者

第七婆須蜜多尊者

第八佛馱難提尊者

第九伏馱蜜多尊者

第十脅尊者

十一富那夜奢尊者

十二馬鳴大士

十三迦毘摩羅尊者

十四龍樹大士[16]

十五迦那提婆尊者

十六羅睺羅多尊者

十七僧伽難提尊者

十八伽耶舍多尊者

十九鳩摩羅多尊者

---

[14] 迦葉尊者，為摩竭陀國尼拘盧陀波的獨子，八歲時接受婆羅門教的戒條，三十二歲於王舍城中的竹林精舍聽佛說法而皈依佛。尊者樂修頭陀苦行，常於深山叢林樹下或塚間，靜坐修觀，在佛陀十大弟子中，頭陀行第一。

[15] 阿難尊者，在佛陀十大弟子中，多聞第一。

[16] 龍樹，南天竺國人，天智聰敏，為八宗共祖。著有《大智度論》、《中論》、《十二門論》等。

二十 闍耶多尊者

二十一 婆修盤頭尊者

二十二 摩拏羅尊者

二十三 鶴勒那尊者

二十四 師子尊者

二十五 婆舍斯多尊者

二十六 不如蜜多尊者

二十七 般若多羅尊者

二十八 菩提達磨尊者（此土是為初祖）

二十九 慧可大師[17]

三十 僧璨大師[18]

---

[17] 唐・道宣《續高僧傳》卷十六〈釋僧可〉云：「釋僧可，一名慧可，俗姓姬氏，虎牢人，外覽墳素，內通藏典，末懷道京輦，默觀時尚，獨蘊大照，解悟絕群。雖成道非新，而物貴師受，一時令望，咸共非之。……年登四十，遇天竺沙門菩提達摩遊化嵩洛。可懷寶知道，一見悅之。奉以為師。畢命承旨，從學六載，精究一乘。……後以天平之初，北就新鄴，盛開祕苑，滯文之徒，是非紛舉，時有道恒禪師，先有定學，王宗鄴下，徒侶千計。承可說法，情事無寄，謂是魔語。……始悟一音所演，欣怖交懷。海跡蹄瀅，淺深斯在。可乃縱容順俗，時惠清猷，乍託吟謠。……故末緒卒無榮嗣。」（《大正藏》第50冊，頁551下-552上）。

[18] 關於僧璨傳法於道信的記載，唐・道宣《續高僧傳》卷二十〈道信傳〉並沒有明言，僅說：「又有二僧莫知何來，入舒州皖公山靜修禪業。（道信）聞而往赴，便蒙授法。」（《大正藏》第50冊，頁606中）。關於此「二僧」，唐・杜胐《傳法寶記》指明為僧璨與「同學定禪師」，其文云：「釋僧璨，……與同學定禪師，隱居皖公山。」（引自柳田聖山：《初期禪宗史書的研究》，京都：禪文化研究所，昭和41年出版，頁565）。唐・道宣《續高僧傳》卷十一〈辯義傳〉云：「四年春末，（辯義）又奉敕於廬州獨山梁靜寺起塔。……處既高敞，而恨水少，僧眾汲難。本有一泉，乃是僧粲禪師燒香求水，因即奔注。至粲亡後，泉涸積年。及將擬置，一夜之間，枯泉還涌。」（《大正藏》第50冊，頁510下）。因此，印順說：「廬州獨山，在皖公山東，與皖公山相連。所以論地點，這位獨山僧粲禪師，與傳說的皖公山粲禪師，顯然是同一人。……皖公山的粲禪師，在道宣的《續高僧傳》中，雖〈道信傳〉沒有明文，卻存在於不同傳說的〈辯義傳〉中。所以弘忍門下所傳，道信從僧璨得法，應該是可信的。」（氏著：《中國禪宗史》，頁47）。

三十一道信大師[19]

三十二弘忍大師

「惠能是為三十三祖。從上諸祖，各有稟承。汝等向後，遞代流傳，毋令乖誤。」

大師先天二年[20]癸丑歲，八月初三日（是年十二月改元開元），於國恩寺[21]齋罷，謂諸徒眾曰：「汝等各依位坐，吾與汝別。」

法海白言：「和尚！留何教法，令後代迷人，得見佛性？」

師言：「汝等諦聽！後代迷人，若識眾生，即是佛性；若不識眾生，萬劫覓佛難逢。吾今教汝。識自心眾生，見自心佛性。欲求見佛，但識眾生。只為眾生迷佛，非是佛迷眾生。自性若悟，眾生是佛；自性若迷，佛是眾生。自性平等，眾生是佛；自性邪險，佛是眾生。汝等心若險曲，即佛在眾生中；一念平直。即是眾生成佛。我心自有佛，自佛是真佛。自若無佛心，何處求真佛？汝等自心是佛，更莫狐疑。外無一物，而能建立，皆是本心，生萬種法。故經云：『心生種種法生，心滅種種法滅。』吾今留一偈，與汝等別，名『自性真佛偈』。後代之人，識此偈

---

19 道信，為中國禪宗第四祖。嗣法於僧璨，傳於弘忍。湖北蘄州廣濟人，俗姓司馬。據《景德傳燈錄》卷三載，師於幼時即慕空宗諸解脫門而出家，隋開皇十二年，入舒州皖公山參謁僧璨，言下大悟，奉侍九年，得其衣。大業十三年（617），領徒眾至吉州廬陵，遇群盜圍城七旬，其時泉井枯涸，眾皆憂懼，師乃勸城中道俗念《摩訶般若》；盜賊遙望城，如有神兵守之，遂解圍而去。後師欲往衡岳，路出江州，道俗請留廬山大林寺。另，因所住「破頭山」後改稱「雙峰山」，故世人又稱其為「雙峰道信」。著有《入道安心要方便法門》、《菩薩戒作法》等書。

20 先天二年，即開元元年（713），先天的年號僅有元年沒有二年。嶺南離長安遠，聞知改元較遲，先已記錄，未經追改，故紀年上往往有異。

21 唐中宗時，賜名六祖故居為國恩寺。

意，自見本心，自成佛道。」偈曰：

真如自性是真佛，邪見三毒是魔王；
邪迷之時魔在舍，正見之時佛在堂。
性中邪見三毒生，即是魔王來住舍；
正見自除三毒心，魔變成佛真無假。
法身報身及化身，三身本來是一身；
若向性中能自見，即是成佛菩提因。
本從化身生淨性，淨性常在化身中；
性使化身行正道，當來圓滿真無窮。
婬性本是淨性因，除婬即是淨性身；
性中各自離五欲，見性剎那即是真。
今生若遇頓教門，忽悟自性見世尊；
若欲修行覓作佛，不知何處擬求真？
若能心中自見真，有真即是成佛因；
不見自性外覓佛，起心總是大癡人。
頓教法門今已留，救度世人須自修；
報汝當來學道者，不作此見大悠悠[22]。

師說偈已，告曰：「汝等好住。吾滅度後，莫作世情，悲泣雨淚，受人弔問，身著孝服，非吾弟子，亦非正法。但識自本心，見自本性，無動無靜，無生無滅，無去無來，無是無非，無

---

[22] 悠悠，輕忽游蕩，沒有精進功夫的虛度光陰。

住無往。恐汝等心迷，不會吾意，今再囑汝，令汝見性。吾滅度後，依此修行，如吾在日；若違吾教，縱吾在世，亦無有益。」

復說偈曰：

兀兀[23]不修善，騰騰[24]不造惡，

寂寂斷見聞，蕩蕩[25]心無著。

　　師說偈已，端坐至三更，忽謂門人曰：「吾行矣！」奄然遷化。于時異香滿室，白虹屬地，林木變白，禽獸哀鳴。

　　十一月，廣韶新三郡官僚洎[26]門人僧俗爭迎真身，莫決所之。乃焚香禱曰：「香煙指處，師所歸焉。」時，香煙直貫曹溪。十一月十三日，遷神龕併所傳衣鉢而回。

　　次年七月出龕，弟子方辯以香泥上之。門人憶念，取首之記，仍以鐵葉漆布固護師頸入塔。忽於塔內，白光出現，直上衝天，三日始散。韶州奏聞，奉勅立碑，紀師道行。

　　師春秋七十有六，年二十四傳衣，三十九祝髮，說法利生，三十七載，嗣法四十三人，悟道超凡者莫知其數。達磨所傳信衣（西域屈眴布也），中宗賜磨衲、寶鉢，及方辯塑師真相并道具，永鎮寶林道場。留傳《壇經》，以顯宗旨，興隆三寶，普利群生者。

23　兀兀，不動的樣子。
24　騰騰，自在的樣子。
25　蕩蕩，平平坦坦的樣子。
26　洎，「及」的意思。

論議

「三科三十六對」，三科為陰、界、入。細分之，則有五陰，為色、受、想、行、識；十八界，為六塵、六門與六識；十二入，為六塵與六門。五陰是重「心理分析」；六門是重「生理分析」；六塵是重「物理分析」。

三十六對是現實世間相對語言文字描述總括，如明與暗對、清與濁對等。然如該文所說：「設有人問：『何名為闇？』答云：『明是因，闇是緣，明沒即闇。』以明顯闇，以闇顯明，來去相因，成中道義。餘問悉皆如此。汝等於後傳法，依此轉相教授，勿失宗旨。」明暗是相對的，沒有「明」就沒有所謂的「暗」。其他亦然。

再者，該文云：「此心本淨，無可取捨。」此「淨」為「空」的別名。

有關「心性本淨」之說，印順《修定——修心與唯心·祕密乘》云：

> 「心性本淨」，在部派佛教中，成為重要的異議。大眾部與上座部分出的分別說部，是主張「心性本淨」的。……另一方面，說一切有部，與同出於上座部的犢子部等本末五部，是否定「心性本淨」的。……依說一切有部說：心與煩惱俱起，心是「相應不善」；與有漏善心所俱起，是有漏的「相應善」心；心與聖道相應現前，也就成為

無漏善心了。與善、惡心所相應，而說心是善是不善；這是被動的，心的自性是無記心。無記心不是不善，也就依此而假說為「本淨」，所以「心性淨」是不了義說。這是說一切有部的會通。本來，這是從修定的譬喻而來，不是般若的證知。在經典中，「增支部」的宗趣，是「滿足希求」，「為人生善悉檀」，而不是「顯揚真義」。但在佛法中發展起來，適應眾生的希求，深遠的影響著發展中的佛教。（頁149-151）

後者，禪宗重視傳承在〈付囑第十〉中，特別說到從印度到中國的三十三代，其中印度部分，不容易考證。中國禪宗之傳承為初祖達摩、二祖慧可、三祖僧璨、四祖道信、五祖弘忍與六祖慧能。

此外，不僅該文有偈頌，《六祖壇經》全書有不少偈頌，方便記誦，而部分文字為後人所加，如該文：「吾於大梵寺說法，以至于今抄錄流行，目曰《法寶壇經》。」這段文字應為神會弟子所加。

問題深究

1.何謂「一花開五葉，結果自然成」？
2.文學與禪的關係如何？
3.讀《六祖壇經》之感言？

參考文獻

一、古籍部分

姚秦・鳩摩羅什譯：《大智度論》，《大正藏》第25冊。

姚秦・鳩摩羅什譯：《法華經》，《大正藏》第9冊。

姚秦・鳩摩羅什譯：《維摩詰經》，《大正藏》第14冊。

姚秦・鳩摩羅什譯：《梵網經》，《大正藏》第24冊。

姚秦・鳩摩羅什譯：《金剛般若波羅蜜經》，《大正藏》第8冊。

姚秦・鳩摩羅什譯：《佛說阿彌陀經》，《大正藏》第12冊。

姚秦・筏提摩多譯：《釋摩訶衍論》，《大正藏》第32冊。

東晉・慧遠問，羅什答：《鳩摩羅什法師大義》，《大正藏》第45冊。

劉宋・求那跋陀羅譯：《雜阿含經》，《大正藏》第2冊。

北齊・曇摩伽陀耶舍譯：《無量義經》，《大正藏》第9冊。

陳・慧達：《肇論疏》，《卍續藏經》第150冊。

隋・碩法師：《三論遊意義》，《大正藏》第45冊。

唐・圭峰宗密：《禪源諸詮集都序》，《大正藏》第48冊。

唐・佚名：《曹溪大師別傳》，《卍續藏經》第146冊。

唐・柳宗元：《柳宗元集》，臺北：漢京文化事業公司，1982年5月初版。

宋‧道原纂：《景德傳燈錄》，（《大正藏》第51冊。

宋‧道原纂：《續傳燈錄》，《大正藏》第51冊。

宋‧贊寧：《宋高僧傳》，《大正藏》第50冊。

宋‧白雲守端語，處凝等編：《白雲守端禪師廣錄》，藍吉富主
　　編：《禪宗全書》第40冊，臺北：文殊出版社，1988年8月
　　初版。

宋‧普濟：《五燈會元》，藍吉富主編：《禪宗全書》第8冊，
　　臺北：文殊出版社，1988年4月初版。

元‧宗寶編：《六祖大師法寶壇經》，《大正藏》第48冊。

明‧瞿汝稷集：《指月錄》，藍吉富主編：《禪宗全書》第10
　　冊，臺北：文殊出版社，1988年5月初版。

二、近人研究專書

印順：《中國禪宗史——從印度禪到中華禪》，臺北：正聞出版
　　社，1971年6月初版。

印順：《如來藏之研究》，臺北：正聞出版社，1986年5月修訂
　　二版。

印順：《成佛之道》，臺北：正聞出版社，1994年6月初版。

印順：《佛法概論》，臺北：正聞出版社，1992年1月修訂二版。

印順：《初期大乘佛教之起源與開展》，臺北：正聞出版社，
　　1988年1月修訂四版。

印順：《淨土與禪》，臺北：正聞出版社，1992年2月修訂一版。

印順：《無諍之辯》，臺北：正聞出版社，1992年3月修訂一版。

印順：《華雨集》（一），臺北：正聞出版社，1993年4月初版。

印順：《華雨集》（三），臺北：正聞出版社，1993年4月初版。

印順：《華雨集》（四），臺北：正聞出版社，1993年4月初版。

忽滑谷快天著，朱謙之譯：《中國禪學思想史》，上海：上海古
　　籍出版社，1994年5月初版。

邱敏捷：《印順《中國禪宗史》之考察——兼與胡適及日本學者
　　相關研究的比較》，臺南：妙心出版社，2009年5月再版。

唐一玄編述：《六祖壇經論釋》，高雄：休休文教基金會，2002
　　年11月三版。

高行健：《八月雪》，臺北：聯經出版公司，2000年12月初版。

湯用彤：《隋唐及五代佛教史》，臺北：慧炬出版社，1986年12
　　月初版。

湯用彤：《漢魏兩晉南北朝佛教史》，臺北：駱駝出版社，1987
　　年8月出版。

楊惠南：《佛學的革命——《六祖壇經》》，臺北：時報文化企
　　業公司，1983年11月初版。

楊惠南：《雨夜禪歌——我讀《六祖壇經》》，臺北：漢藝色研
　　文化事業公司，1990年5月初版。

釋悟殷編：《「中國佛教史略」原典資料彙編》，臺北：法界出
　　版社，1997年初版。

三、其他

邱敏捷：〈聽傳道法師講《六祖壇經》有感〉，《菩提樹》第

500期，1994年7月，頁26–28。

邱敏捷：〈談高行健《八月雪》〉，《國文天地》第17卷第8
　　期，2002年1月，頁60–65。

邱敏捷：〈「若真修道人，不見世間過」——與傳道法師對話錄
　　之二〉，收於邱敏捷《三心了不可得——與傳道法師對話
　　錄》，臺南：中華佛教百科文獻基金，2015年1月初版，頁
　　5–10。

釋傳道講述：《六祖壇經》，MP第10卷，臺南：妙心寺。

釋傳道講述：《六祖壇經》，MP第13卷，臺南：妙心寺。

附錄一
聽傳道法師講《六祖壇經》有感

聽傳道法師講經是一大享受，一大收穫。雖然我接觸佛教已有多年的時間，但很少認真學習，很多佛教道理，總還似懂非懂，這一次可真是被師父講述《六祖壇經》的內容給吸引住了，六十卷錄音帶專注的聽了兩遍，而且一面作筆記，充滿法喜，有所領悟！

平日師父談起話來，總是舌粲蓮花，機鋒處處；指點迷津時，則語多幽趣，滲入骨髓，尤其當他語重心長指出當今佛教與社會種種怪狀時，更見其菩薩心地。聽得懂，真會令人會心一笑，不虛此行。

《六祖壇經》的經文並不長，但是在師父妙語如珠、生公說法之下，真令我拍案叫絕，逢人總不忘推崇一番。

大乘經典之所以難讀，就是因為它濃濃的神話色彩，左右了人的理智，《六祖壇經》便是如此。師父在講述中總不忘釐清後人所附加的神話部分，以別出六祖慧能的平實。

依文解字是講經難免的一個步驟，但是如果侷限於經文又嫌呆板，於是採左擷右，引用其他相關名言以註經，成了講經者必要的功課與功力。師父這一方面的涵泳真是到了家，如引用「一片白雲橫谷口，幾多歸鳥盡忘巢」，說明眾生為塵世煩惱所擾，

忘了清淨的本來面目；用「木佛不渡火，泥佛不渡水，銅佛不渡鑪，真佛心中做」，強調成佛解脫的心地功夫；用「竹影掃階塵不動，月華穿底水無痕」、「百花叢中過，片葉不沾身，身似流水常清淨，心如浮雲無是非」，點出修行者如如不動的境界。

善說故事以引人入勝，也是師父的特長，例如談到「福慧雙行」時，說到二個師兄弟，一個個性孤僻，只知行慧，不結人緣；一個只知布施，不知修慧。結果一個是開悟證果卻托不到飯的和尚；一個轉生成滿身佩帶珠寶的大象，所謂「修慧不修福，羅漢托空缽；修福不修慧，大象佩瓔珞」，即是勸人要「福慧雙運」才得解脫。

講到「不去思考道理且好簡惡繁」時，師父也引了《百喻經》中兩個小故事：有個人口渴，找到了一處從山上流貫下來的泉水，喝了、解渴後，竟然很生氣的在那邊跺腳。一個農夫走過來問他，為何如此發怒，那個人卻說：「我喝了，不渴了，它為什麼不停，還繼續的流。」又有個人，口很渴，好不容易找到恆河，結果到了恆河邊，他不喝了，人家問他為什麼，他卻說，這麼多！哪喝得完？

師父用臺語講經說法之功夫一流，更善於引用俗話諺語以顯出佛理的生活化。如引用「牛知死，不知走；豬知走，不知死」，說明眾生之愚癡。其實眾生之愚昧，有時遠勝過牛；引用「聖人滿街走，大師多如狗」，批評現在一些人動不動就稱自己為大師，或動不動就說自己開悟證果，真是大「誤」特「誤」：其實是「啞巴吃湯圓，心裡有數」，騙得了別人，騙不了自己。

補充一些相關常識，以豐富經文內容，在師父講述中俯拾即

是，如今所言「跑江湖」，原指唐朝時，馬祖在湖南，五祖在江西，禪風興盛，於是參禪者到江西、湖南參禪，稱跑江湖，不是今天說的「日月人」。

點點滴滴，難以道盡全六十卷錄音帶所講述內容之精彩，而且這都只是點綴，更重要的，還在於下列各點：

第一：《六祖壇經》中心思想之體證

《六祖壇經》屬真常唯心系之典籍，一般解經者也直從空性來理解其中思想，可是把空性（自性）比喻成明月、明鏡，又往往變成一不變的本體，有流於心性論之嫌疑。師父直從緣起講性空，直從緣起來理解六祖慧能「何期自性本自清淨，何期自性本不生滅，何期自性本自具足，何期自性本無動搖，何期自性能生萬法」之自性。其自性就是空性，乃由多種因緣和合，無單獨存在之本體。也就是說，其獨存性、主宰性、不變性是不可得的，因此無自性就是他的特性。換句話說，諸法本性（自性）都是緣起，是空性，因為是空性，所以遇緣才能出萬法，非空性能生萬法，是眾緣具足才能顯現。因此要從緣起講性空才能咬破《六祖壇經》其中的道理；否則還是渾渾沌沌的，不知所云。

第二：六祖壇經名句之解說

《六祖壇經》的名句，偶有所聞，但是一知半解，總是隔了一層，經過師父的講解，使我茅塞頓開。例如神秀和尚的偈子：

「身是菩提樹，心如明鏡台，時時勤拂拭，勿使惹塵埃。」為何不是開悟詩？原來神秀還停留在對立的心態，且執著一個「有」字。身是菩提樹，菩提是覺悟，此言則是身和菩提對立；心如明鏡台，心和明鏡台對立；時時勤拂拭，勿使惹塵埃，則是染污和不染污對立。師父引用印順導師的話說：「鐵線鋼線會綁人，金線也會綁人。」著一個「淨」也是不得解脫。

至於慧能的偈子，為了破神秀的「有」，反倒執著一個「無」。「菩提本無樹，明鏡亦非台，本來無一物，何處惹塵埃。」菩提是覺悟，覺悟本不是樹，明鏡是用來照的，明鏡不是明鏡台；本來無一物，自性原無相狀；所以說要在何處惹塵埃。

煩惱即菩提，是轉煩惱成菩提而非斷煩惱成菩提，煩惱不是東西，沒辦法斷，種些菩提，煩惱之雜草自然無從生起。這是因為煩惱是因緣和合，菩提也是因緣和合。在什麼地方跌倒，就在什麼地方爬起來。如鋼筋水泥堆在一起，成了障礙，如照建築師之方法，用這些東西蓋起來就成房屋。

第三：開悟詩之詮釋

《六祖壇經》是禪家經典，禪重開悟，悟後起修才是真修，師父對開悟詩之解說，令人會心，如有所悟。

如引《五燈會元》船子德誠和尚詩：「千尺絲綸直下垂，一波纔動萬波隨；夜靜水寒魚不食，滿船空載明月歸。」修行人夜裡心靜如止水，心如古井無波，主人翁不隨外境而動，此時月光照耀下來，一片空靈境界於焉而出。

宋代瞎堂慧遠和尚的開悟詩：「來往煙波，十年自號西湖長，秋風立雨，吹出蘆花港。得意高歌，夜靜聲出朗！無人賞，自家拍掌，唱徹千山響。」靜夜絕客塵，靜夜心靈敏，領悟自家面目，自我拍掌，喝徹千山。

尤其是「鎮日尋春不見春，芒鞋踏破嶺頭雲，歸來偶過梅花下，春在枝頭已十分」，即是開悟詩，有本子把第三句記作「歸來偶把梅花嗅」，則不免失其自然，難脫對立、造作之嫌。應作「歸來偶過梅花下」才是。

第四：修行方法之提示

整本《六祖壇經》都在講心地功夫，剎那會心真有法喜，可是如何下手又嫌捉不到邊。在講述中，師父斷斷續續提到一些修行的原則。

（一）涅槃是不生不滅，不生就是不滅（不生就不要滅）。無論面對如何的人生，都去觀無生。煩惱是緣起，菩提也是緣起，當下一念不生就是覺悟，覺悟煩惱性空。離開煩惱說誰有智慧？說誰覺悟？智慧在煩惱現前才呈現。龍樹言：「未成就名空，已成就名般若。」未成就名空是因慧，剛要學習，剛在觀察，觀一切緣起無住。般若是成就了，是果德。

（二）無念，對於所知所見，心不執著，清楚明白，用即遍一切處，亦不著一切處，使見、聞、嗅、嚐、覺、知，如實知。六根出入六識不貪不厭，妄心不生，就是般若三昧。

由文字入而離文字，從一舉一動看自己清楚明白了嗎？見一切法心不染著，此一切法包括有為、無為、善、惡、無記，或世間法、出世間法，但無貪、無瞋、無癡，是為無念。悟無念則是見諸佛境界。

（三）無念為宗、無相為體、無住為本。無相等於無念等於無住。無念，於念而無念，該講就說，過了就不思前想後；無住，住者安住、執著、染，無住則如船過水無痕，無住乃人之本性；無相，不著相，於相而離相，即看見一切山河大地或面對一切，不貪不瞋不癡，清楚明白，不喜歡也不討厭，在根、境、識相接觸時，與明（智慧）相應，就是解脫。念念不住是修行的不二法門。

（四）清淨是空的別名，沒有一個東西說誰被染污，說誰染污了要洗乾淨。生而無生，念而無念。

（五）心無所得，得無所得，無所得就自在。

（六）能善分別諸法相，於第一義而不動。知道、清楚，但無煩惱，不被外境所迷、所轉。以平常心看待一切，故開悟者之心境如「竹影掃階塵不動，月華穿底水無痕。」

（七）無常當下就是常，內心當下體證不生不滅、不垢不淨、不增不減，無有生滅可滅，寂滅現前，一念不生。生滅中見到不生不滅。千江有水千江月，但月亮不來不去。來無所從來，去無所從去，是性空，法性常性，「法爾如是」。

（八）止觀，止中有觀，定中有慧，止觀一如，與定相應。無分別心之前一念有分別，進入無分別，與無分別定相應，引發無漏智慧。生滅法契入無生滅法，無念無分別才能入無

生滅法。

（九）戒定慧：戒是德行，定是心學，慧是用智慧在日常生活中；戒定慧如鼎之三足，缺一不可；即慧之時定在慧，正在分別作用時慧心；即定之時慧在定，專心作用時有分辨能力而不執著。禪宗以定慧均等為本，偏定則如枯木，一點作用皆無，如外道之定，不得解脫；偏慧則狂且輕浮，說得瀟脫，但尖酸刻薄。定慧均等建立在戒上。戒定慧在使言行、內心三業清淨。

（十）進入中觀有兩個須辨別：一是「有是緣起有」，二是「空是自性空」（沒有不變的本體）。先有分別心，沒有分別執著（斷惡行善，擇善固執）——也就是有分別心，而沒有愛好或討厭之心的執著；再進入無分別心，無分別執著，一切相都不現前。學佛第一步要先有分別心，所謂「先得法住智，後得涅槃智。」

（十一）消除爭強好勝之心，從外如實觀緣起，認識自己的身分，如實知自心，察看自我有無隨因緣而轉變。

（十二）「失敗不必後悔」，後悔無益，一切能力都來自眾緣，失敗不氣餒，能力有限，福報有限，因緣不具足而已。失敗從緣起，成功從緣起，了解道理，自不必驕傲或氣餒。

（十三）遇事體認無生法忍，空性無生無滅已認可，在無常中不會覺得無常的痛苦。

（十四）快樂知道快樂，痛苦知道痛苦，知其因緣，如實知，如實受。

（十五）無所住而生其心。放下容易提起難，殺身成仁易，忍辱
　　　　偷生難。不住貪瞋癡容易，由是生起慈悲而為眾生則
　　　　難。生心無住，無住生心，能舒卷自如是最難的。

　　總歸而言，師父談修行方法，除了《六祖壇經》的心地功夫
外，又加入身、受、心、法四念處的直觀，使得修行方法更為具
體。師父也特別強調「先得法住智」——對因果、緣起、四諦、
流轉門、還滅門等事理的了解。先建立佛教的正知正見；否則盲
言瞎說，胡修亂行，說是佛理，豈不謗佛？正知正見的建立，有
待學佛者多親近善知識，多聞薰習，因緣成熟，解脫自然有分。

　　　　（原載《菩提樹雜誌》第500期，1994年7月，頁26-28）

附錄二
「若真修道人，不見世間過」
——與傳道法師對話錄之二

　　禪宗一直是中國佛教的主流之一，六祖慧能（638-713）的《六祖壇經》也廣受佛教徒的崇仰，特別是流行本「行由品」中有關慧能的求道經過，以及「機緣品」中慧能與弟子「機教相扣」的對話，讀來趣味橫生、扣人心弦。

　　民國83年初，有幸透過錄音帶聆聽師父講述的《六祖壇經》。每段經文師父信口拈來妙語如珠，將道理發揮得淋漓盡致，而聽者也皆會心一笑、似有所悟。然，如今重讀經文，總覺還有參不透之處。如該經所說之「自性」應作何解？「自性」與「無念為宗」的關係又如何？而〈無相頌〉之「若真修道人，不見世間過」又該怎樣詮釋？

　　《六祖壇經・行由品》記載，五祖弘忍大師（602-675）三更傳法，為說《金剛經》，慧能言下開悟，遂啟弘忍言：「何期自性本自清淨，何期自性本不生滅，何期自性本自具足，何期自性本無動搖，何期自性能生萬法。」此「自性」一詞，貫通全經，如何作解？

　　達摩（？-528）以《楞伽經》傳教，「藉教悟宗」。《六祖壇經》所說之「自性」，實承襲《楞伽經》「如來藏自性清淨」

的思想。如《楞伽經》卷二，有關於「如來藏」的問答云：「大慧菩薩摩訶薩白佛言：『世尊！世尊修多羅說：如來藏自性清淨，轉三十二相，入於一切眾生身中。』」（《大正藏》第16冊，489上）。

然此「如來藏自性清淨」，若以「實有之自性」解之，則似未能體達慧能開悟的境界。師父言：「所言之『自性』，當是指『法性』——法空性而言，即一切法的本性空；一切法是以緣起無自性為其特性，所以自性即是法性、佛性、真如、法界、空性等異名。空性，也就是心性。龍樹以為眾生畏空，不能信受甚深空義，所以方便的將『法空性』說為『自性』、『清淨』，那只是淺義的為人生善悉檀。當行者深觀自性——法本性不可得（法性空），法性離諸生滅，凡聖皆備，法爾如是，非變異法；即確了法空性遇染緣能起生滅流轉法、淨緣能起還滅解脫法，體證真如、善巧化眾而無礙！故說：『自性本自清淨，本不生滅，本自具足，本無動搖，（遇緣）能生萬法』。這是從修行甚深觀慧而來的。」

該經〈定慧品〉云：「我此法門，從上以來，先立無念為宗，無相為體，無住為本。」此「無念」之意又為何？其與「自性」的關係又如何？

師父說：「禪宗是以『無念為宗』，心裡什麼都不染著就是它的宗旨。『無念』是無染淨之執念，不管是好的念頭或不好的念頭都沒有執著，更嚴格地說，即是『無自性之念』。」如此說來，「自性」即是「無自性」，而「無念」即是「無自性之念」，這才是勘破我見我所見的悟證境界。

關於「無念」，印順導師在《中國禪宗史》也說：「依《壇經》說，『無念』，不是什麼都不念。人的本性，就是『念念不住』的（這名為『無住為本』）。可說『念』是人的本性，是人本性──真如所起的用。所以『無念』不是什麼都不念，不念，那就是死了。眼耳鼻舌是不能念的；六根有見聞覺知，實在是自性──真如的用。所以只要『不住』（住就是繫縛），只要『於一切境上不染』，那就是『無念』，『解脫自在』。」（頁263）

　　《壇經・般若品》又云：「若真修道人，不見世間過；若見他人非，自非卻是左。他非我不非，我非自有過；但自卻非心，打除煩惱破。」

　　師父說：「經文的意思是說：真正修道而與無我相應之人，既達能、所雙亡，當然再也沒有能見的『我』與所見的『世間』之是非過愆可言；應知他人之過非，過在他人而不在我，若自生執染是非之見，便有失湛然寂照之自心。若見他非，自不動念而批評之，若評議之，則憎惡怨結滋生而成過失；但自除卻非議他人之心念，則煩惱妄心頓銷、不除自破，當下體證無生而自在無礙！但這是自我反省與自證的工夫，而不是待人處世的原則，否則就變成無是非、善惡的癡人！所謂『反省』，是指向內心覺照、檢點自我過愆，而使淨心相繼、與道相應。『自證』，乃指行者觀察緣起無我，超越能所、言詮的體證，進而展現於日用的自在生活。待人處世，首先就要『分別善惡』、『抉擇善惡』，否則『是非不分』、『善惡不明』，如何『止惡行善』、『諸惡莫作』而『眾善奉行』？又如何『見賢思齊，見不賢而內自

省』？」

　　師父又說：「有信徒打電話反應說：『師父啊！您講經講得很好，深入淺出，令人受益匪淺；但能不能不要舉現在的社會問題為例，講過去兩千五百多年的歷史就好了！』這是什麼道理？我們又不能僅活在過去，為什麼不能評騭時下人事？有則改之，無則勉之，如此而已。」其實分辨「是非」，知道「對錯」，才有改過遷善的機會啊！

　　修行是點點滴滴積累而成的，師父說：「不要小看我們的煩惱！生生世世的習染，有時不是一朝一夕可以修正的。當你真正覺察到自己在哪一方面的表現不理想，而有了想要改變的決心，那才有改過的可能！」佛法說諸法因緣生，緣生即無自性，也就是無常性，而有可變性及修證的可能性，故人生生世世「修習而成的性」，也是可修正的，其關鍵就在於「自我反省」──多聞正法、內正思惟的工夫；若再能循著「先知法住智，後知涅槃智」的道次第階次而行，那才能成為一真修道人！

　　　　　　　　　（原載《妙心》第109期，2009年1月，頁5-10）

附錄三
談高行健《八月雪》

　　高行健《八月雪》（臺北：聯經出版社，2000年12月）是有關禪宗的作品，是「佛教文學」的另一新作，雖然它不是小說、不是散文，而是一部劇作，純粹閱讀也許沒辦法充分領略其中的新意，但我還是作了嘗試。

　　赫塞《流浪者之歌》小說的創作源頭取自「佛陀的一生」；林懷民「流浪者之歌」的戲碼，來自赫塞《流浪者之歌》。但它們都是經典創作，都注入了創作者的體會、詮釋。看了「佛陀的一生」，再來看赫塞的小說《流浪者之歌》、林懷民舞蹈「流浪者之歌」，不會有重複之感，反而增加了它的豐富性。這也就像看了唐代變文《歡喜國王緣》，再來看白居易〈長恨歌〉，我們不會在章法雷同之下低估白居易〈長恨歌〉的藝術成就，反而讚嘆作者出世的才情。高行健的《八月雪》雖然我現在僅能從文仟字陌字中品嚐，但不得不驚訝於作者的創作能力。

　　高行健受到禪宗多少影響，似乎尚未有學者作具體的研究，雖然作者自言有取於「禪宗」僅是就「感受的方式」而言，非「宗教體驗」（成功大學演講，2001年1月9日）。基本上，《八月雪》的創作源頭是「流行本」的慧能《六祖壇經》，尤其以〈行由品〉為主。從劇本中我們可看到作者如何注入新意，凸顯

他個人對佛教禪宗義理的了解與體會。

高行健之創作《八月雪》，就好像赫塞之創作《流浪者之歌》、林懷民之舞蹈「流浪者之歌」一樣，企圖透過文學、藝術技巧，展現佛教藝術、佛教義理的精神。《八月雪》共分為三幕場：第一幕三場為「夜雨聽經」、「東山傳法」、「法難逃亡」；第二幕四場為「風幡之爭」、「受戒」、「開壇」、「圓寂」；第三幕為「大鬧參堂」。作者除了緊握一些不可變的歷史真象外，在情境、場景與時空上作了一些的轉換，增加其中的角色，活化另一齣慧能與禪、眾生與禪交涉並交融的歷史劇，也鑄造了一個新的公案，值得世人進一步的賞析、參究。

純粹從劇本來看《八月雪》，筆者有下列幾點心得：

一、凸顯佛教修行中兩性的緊張關係

作者藉「無盡藏比丘尼」的角色，凸顯佛教在修行中「男女」的緊張關係，這在《六祖壇經》原文是沒有的。「夜雨聽經」之文云：

> 慧　能：要不妨礙師父持頌，弟子在一旁聽聽經文，不曉
> 　　　　得行不行？
> 無盡藏：寺廟清規戒律，你也不是不知。尼雖說出家，身
> 　　　　為婦人，這夜深人寂，還是迴避為好。……
> 無盡藏：這如何是好？無盡藏我，一出家女子，遁入這
> 　　　　山澗寺，避的是世間男女那事！這深秋早寒，

> 雨打芭蕉，長夜漫漫，一個打柴漢，竟賴在廟裡
> 不走，教我如何是好？可如何是好？南無阿彌陀
> 佛！（頁5-6）

　　夜深人靜，孤男寡女共處一室，令「無盡藏」有了不安的
情緒。「如何是好？」反映出「無盡藏」比丘尼忐忑不安、心亂
如麻的心緒，也說明了初入道者內在的掙扎。《六祖壇經・行由
品》中，僅記載「無盡藏」常誦《大涅槃經》，慧能暫聽即知妙
理，主要在表現「諸佛妙理，非關文字」的道理而已。

二、加重女性在劇情中的分量

　　《六祖壇經・行由品》僅記錄「無盡藏」這位女修行人，而
且不是什麼重要人物，但在《八月雪》中則加重其分量，並增加
「歌伎」與「老婆子」兩位女性。
　　「無盡藏」比丘尼對於男女的關係如此緊張，表示出她對
佛理的體悟有限，煩惱未斷。順著這個脈絡，在「受戒」這一場
中，作者以「無盡藏」比丘尼傳達出人生「無盡煩惱」的苦痛。
其文云：

> 無盡藏：（從舞口前場穿過，唱）
> 　　　　無盡的思緒，無盡纏綿，無盡恩怨，
> 　　　　解不脫的因緣，無盡痛苦而苦海無邊──（頁58）
> ……

無盡藏：（高聲）

好煩惱啊！這人世間！（頁61）

這個「無盡藏」比丘尼在第二場第三幕則出現其背影，並由「歌伎」唱出，其詞云：

歌伎：（唱）

一身倩影，一番記憶，一隻故事，潛在心底，

只可憶而不可言說。

無盡藏你，無盡藏我，

行行復行行，有誰能解此中奧義？（頁75-76）

「歌伎」代表世俗中女性的聲音。倩影、記憶、故事諸塵，一直潛存在心底；即使修行已有時日，但種種情懷依然浮現在腦海中，想要澄清，卻總是不得其解。在「開壇」場中文云：

歌伎：好空虛啊！一個女人到那彼岸去做什麼？

（唱）

這千姿百態，這萬般奧妙，

迴環跌宕，變幻無窮，

女人之痛豈是男人能懂？（頁79）

作者透過歌伎唱出這種世人對女性「修道之疑惑」，以及女性為人的苦楚。

三、點化原文中精彩的片段

《六祖壇經・行由品》中，慧能與弘忍精彩的對話：「遠來禮師，惟求作佛，不求餘物」、「人雖有南北，佛性本無南北」，作者在《八月雪》中以弘忍與神秀的對話來呈顯。對於神秀要不要呈偈那種天人交戰的心情，作者也以「苦殺我也，苦殺我也」點出。而弘忍問慧能：「米熟也未？」作者則改為：「米，白啦？」

用心最多的，可算是「風動旛（幡）動」這個故事了。《六祖壇經》原文是：「時有二僧論風旛義，一曰風動，一曰旛動，議論不已，慧能進曰：不是風動，不是旛動，仁者心動。」高行健在此著墨特多，有了事件的引子，並加以延展。其文云：

> 僧人甲：這無生無滅作何解釋！
>
> 僧人乙：叫你掛幡就掛幡！
>
> ⋯⋯
>
> 僧人丙：這偌大的一張幡，也不少分量，何以擺動個不已？
>
> 僧人丁：風吹便動，要究個因緣，這便是。
>
> 僧人丙：可風本無情，何以無端動這幡？你倒說說看！
>
> 僧人戊：風之無形，所動者乃幡。
>
> 僧人丙：幡不也無情，又何以會動？
>
> 僧人己：風幡雖無情，乃因緣相合之故。

僧人丙：因緣有情，有情乃動，而風幡具是無情物，何以
　　　　也動？（頁49-51）

作者加上不少的鋪排，從這其中也可見到作者對禪宗的理解。
此外，把慧能弟子之名，融於文義之中。例如：

歌伎：（唱）
　　　看曹山本寂
　　　影弄清風。
……
歌伎：（唱）
　　　望青原尋（行）思，雪峰存義。
……
歌伎：（唱）
　　　原來是皇天悟道，竟一界虛無。（頁105-106）

這個「原尋行思」、「皇天悟道」、「雪峰存義」與「曹山
本寂」都是慧能的弟子與再傳弟子，是「雲門宗」與「法眼宗」
赫赫有名的禪門龍象。

四、善用禪宗公案的模式

作者善用禪宗公案，表達弘忍與慧能之間「機教相扣」的禪
趣、禪理。其文云：

弘忍：門裡有甚麼？

慧能：和尚和我。

弘忍：（一笑）我為何物？

慧能：心中之念。

弘忍：何處？

慧能：念念不斷，無所不有。

弘忍：（大喝）無所在，還念個甚麼？

慧能：（默默，垂首。片刻，抬頭）沒了。

弘忍：又何以說有？

慧能：祇因和尚剛才問……

弘忍：無有剛才！（暗中一聲重鼓。弘忍轉身，禪床邊拿
　　　一木杖，回轉，在地上畫一圈。）

慧能：（俯身看圈，抬頭。）空的。（又一聲重鼓。弘忍
　　　舉杖周遭再畫一圈。慧能抬頭，含笑望弘忍。再一
　　　聲重鼓）（頁28-29）

　　這樣「畫圈」的師徒對話方式，雖然在以前的公案之中已
有，但高行健有更巧妙的運用。在《指月錄》卷五就記載馬祖道
一「畫圓圈」的故事。有一回，一個和尚來參禮馬祖道一禪師，
馬祖在地上畫了一個圓圈，並說：「入也打，不入也打！」其實
「圓圈」沒有代表特別的、固定的意義，只有程度相近的禪師才
知道彼此表達的要義，凡人依樣畫葫蘆是沒有用的。在第二幕第
三場慧能與作家的對話就是如此：

作家：和尚也肯授我嗎？

慧能：授個甚麼？（作家抬手在頭頂畫個圓圈）

慧能：孽障！他日再來。（頁82）

禪的體驗不在表象，明眼人一見便知道個中消息。

五、凸顯禪師與律師風格之不同

根據《六祖壇經・機緣品》，神會在十三歲的時候，從玉泉來參禮慧能。作者運用的這一段文字，渲染出下列這段文字。其目的在辨別禪師瀟灑、自在的風格，與律師拘守戒律有所不同。其文云：

戒律師：小沙彌，你做甚麼呢？

神　會：坐不住，腿麻了。

戒律師：那就做你的功課去，別搗亂了！

慧　能：小孩子坐不住由他站著。我這法，其實各位大德
　　　　心中都有，只尚未明心見性，大家不妨說說看。
　　　　（笑）我這說法，不講規矩。

神　會：戒律師，我要尿尿！

戒律師：當心，可要罰你了！

慧　能：小孩子要憋出毛病來的，去吧，去吧。（頁70-
　　　　71）

從這點而言，高行健有此巧妙之筆，來自他對佛教的理解。

六、表現俗聖交融的現象

　　人世間本來就有聖有凡，《六祖壇經》一書，記載慧能一生如何悟道以及教化眾生的歷程，一些未開悟前自視頗高的人也被他點化了。可以說，整部《六祖壇經》「聖多於凡」，是一部神聖性很強的佛教傳記。當然其中也體現了慧能非常平凡的一面，例如他「不識字」、「於獵人隊中躲藏五載」等，充分表現禪師平易近人的風格。不過，《六祖壇經》畢竟是一部教導人如何修行、開悟的書。如何從這個神聖化的作品中，多透露些許人生百態，呈現出劇本的多面性，是高行健最大的考驗，就如趙毅衡〈大狂大俗，意在言外〉一文說：

> 寫一位宗教領袖的傳記，不得有所誹謗，但同時高行健的個人主義對任何教義，哪怕禪宗的無教之教義，都有所警惕。狂禪場面，無疑是為自己的戲劇美學過分虔誠化的可能性提出警示。」（《聯合文學》第196期，頁109）

　　這個場面，在最後一幕「大鬧參堂」，尤為明顯。

　　「大鬧參堂」一幕，把禪宗語錄，慧能弟子與再傳弟子，這些「五宗七家」各種接引眾生的簡易教法，融合在一起，以輕描淡寫的方式點出。其文云：

這禪師：如何是佛？

那禪師：這個，那個。

這禪師：這個那個甚麼？

那禪師：便不是這個，也不是那個。

這禪師：（大喝）呵！

那禪師：（大喝）（頁107）

……

還禪師：快說，快說，佛是甚麼？

可禪師：（一棒打去，回頭一笑）打著的都不是。

還禪師：（一笑）那還打甚麼？（頁108-109）

「這禪師」、「那禪師」、「可禪師」與「還禪師」所用的「棒喝」，是臨濟義玄用來教導弟子的慣用的打罵方式。

文中云：

一禪師：說，佛究竟在哪裏？

又禪師：大德，腳下！

（一禪師看腳）

又禪師：飛啦！

一禪師：兩邊都不見，飛個甚麼？（頁108）

用的是「百丈野鴨子」「還道飛過去」的典故。而文云：

是禪師：（笑道）狗子可有佛性無？

非禪師：水在缽裏，雲在天上。（頁109）

　　「狗子有無佛性」（《指月錄》卷十一）是趙州從諗和尚的公案；「水在缽裏，雲在天上」用的是藥山惟儼與大文豪李翱的對話：「雲在青天水在瓶」（《指月錄》卷九）。
　　又文云：

　　老禪師：做甚麼勞什？
　　作　家：可有茶喝？
　　老禪師：客人可是串錯門了！
　　作　家：這門倒是不錯，只不知有沒有菩薩？（頁110）

　　用的是趙州和尚「喝茶去」的公案。而「老婆子」在禪宗公案亦有其地位，高行健文云：

　　老婆子：老和尚也還怕女人？
　　老禪師：老婆子且莫刀片子嘴！
　　老婆子：總也一片豆腐心！婆子又怎的，不興也參禪？
　　　　　　湊個熱鬧嘛，就唱一曲又怎的，還能把菩薩嚇
　　　　　　跑啦？
　　老禪師：罷罷罷，老僧耳聾，眼也花。（頁117）

　　老婆禪是有名的故事。德山宣鑒禪師是有名的《金剛經》專家，人稱「周金剛」，但是遇見老婆婆問他說：「《金剛經》說

三心不可得,請問你點的是甚麼心?」周金剛也只好摸著鼻子走路。(《指月錄》卷十五)而戲中的「貓」,即是南泉斬貓這意象的運用與演化。

整齣戲以「慧能」與「無盡藏」二人的對話與對比開場,中間「弘忍與慧能」的對話、「神秀與慧能」有無的對偈、「慧能與惠明」的交涉、「風動幡動」的爭辯、「戒律師與神會」的應答、「歌伎與作家」的追尋、「慧能與法海」的生死談等,把慧能一生與眾生交流的精彩處一一點化之。《八月雪》在第二幕第三場點出,在慧能圓寂後,透過法海口中說出:「好生奇怪,這大熱天,滿山林木一下子都變白了,莫不是八月雪吧!」此後第三幕「大鬧參堂」,則融入慧能弟子各種接引眾生的禪宗公案。

從簡單的聖俗同台開始,到最後的人生各種樣態盡出,聖聖俗俗、俗俗聖聖,禪宗這一路走來,其神聖性也在一則則公案中樣態多變或漸失其味,讓人看得眼花撩亂。這是一部從慧能開頭的中國禪宗史,也是一部愈來愈個人化的禪宗史。高行健打破了原典的神聖性,融入歷史的真象、人生的實情。同時,「八月雪」也變成另一則公案,值得我們參究、反思。

(原載《國文天地》第17卷第8期,2002年1月,頁60-65)

語言文學類　PA0107　文學視界104

曹溪禪唱
——《六祖壇經》

作　　　者／邱敏捷
責任編輯／鄭夏華
圖文排版／周妤靜
封面設計／楊廣榕

發　行　人／宋政坤
法律顧問／毛國樑　律師
出版發行／秀威資訊科技股份有限公司
　　　　　114台北市內湖區瑞光路76巷65號1樓
　　　　　電話：+886-2-2796-3638　傳真：+886-2-2796-1377
　　　　　http://www.showwe.com.tw
劃撥帳號／19563868　戶名：秀威資訊科技股份有限公司
　　　　　讀者服務信箱：service@showwe.com.tw
展售門市／國家書店（松江門市）
　　　　　104台北市中山區松江路209號1樓
　　　　　電話：+886-2-2518-0207　傳真：+886-2-2518-0778
網路訂購／秀威網路書店：https://store.showwe.tw
　　　　　國家網路書店：https://www.govbooks.com.tw

2019年8月　BOD一版
定價：240元
版權所有　翻印必究
本書如有缺頁、破損或裝訂錯誤，請寄回更換

國家圖書館出版品預行編目

曹溪禪唱:<<六祖壇經>> / 邱敏捷著. -- 一版.
 -- 臺北市:秀威資訊科技, 2019.08
　　　面;　　公分. -- (語言文學類;PA0107)(文
學視界;104)
　　BOD版
　　ISBN 978-986-326-716-4(平裝)

　　1.六祖壇經 2.注釋

226.62　　　　　　　　　　　　108011307

讀 者 回 函 卡

感謝您購買本書，為提升服務品質，請填妥以下資料，將讀者回函卡直接寄回或傳真本公司，收到您的寶貴意見後，我們會收藏記錄及檢討，謝謝！
如您需要了解本公司最新出版書目、購書優惠或企劃活動，歡迎您上網查詢或下載相關資料：http:// www.showwe.com.tw

您購買的書名：_____

出生日期：_____年_____月_____日

學歷：□高中 (含) 以下　　□大專　　□研究所 (含) 以上

職業：□製造業　□金融業　□資訊業　□軍警　□傳播業　□自由業
　　　□服務業　□公務員　□教職　　□學生　□家管　　□其它_____

購書地點：□網路書店　□實體書店　□書展　□郵購　□贈閱　□其他

您從何得知本書的消息？

　　□網路書店　□實體書店　□網路搜尋　□電子報　□書訊　□雜誌
　　□傳播媒體　□親友推薦　□網站推薦　□部落格　□其他_____

您對本書的評價：（請填代號　1.非常滿意　2.滿意　3.尚可　4.再改進）

　　封面設計____　版面編排____　內容____　文／譯筆____　價格____

讀完書後您覺得：

　　□很有收穫　□有收穫　□收穫不多　□沒收穫

對我們的建議：_____

_____

_____

_____

11466
台北市內湖區瑞光路 76 巷 65 號 1 樓

秀威資訊科技股份有限公司　　　收

BOD 數位出版事業部

....

（請沿線對折寄回，謝謝！）

姓　　名：＿＿＿＿＿＿＿＿＿　年齡：＿＿＿＿　性別：□女　□男

郵遞區號：□□□□□

地　　址：＿＿＿＿＿＿＿＿＿＿＿＿＿＿＿＿＿＿＿

聯絡電話：(日)＿＿＿＿＿＿＿＿＿＿　(夜)＿＿＿＿＿＿＿＿＿＿

E-mail：＿＿＿＿＿＿＿＿＿＿＿＿＿＿＿＿＿＿＿